AF609689

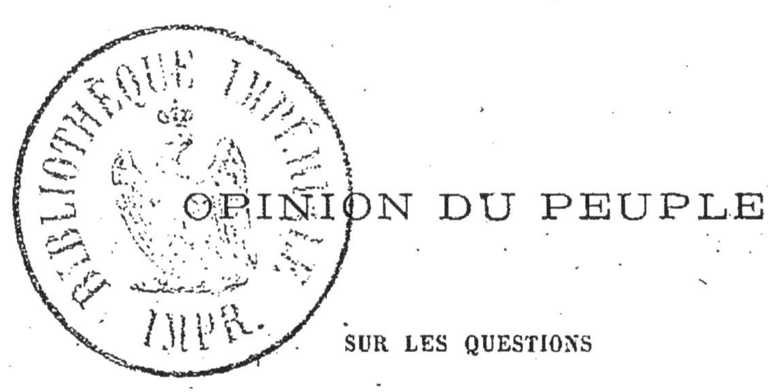

OPINION DU PEUPLE

SUR LES QUESTIONS

POLITIQUES ET ÉCONOMIQUES DU JOUR.

OPINION DU PEUPLE

SUR LES

QUESTIONS POLITIQUES

ET ÉCONOMIQUES DU JOUR

PRÉSENTÉE

A SA MAJESTÉ NAPOLÉON III

Empereur des Français

PAR

P. ROUSSEAU

Agriculteur et Horticulteur.

EXPOSITION DE 1863

Deux Médailles d'or, grand Prix d'honneur de S. M. Napoléon III.

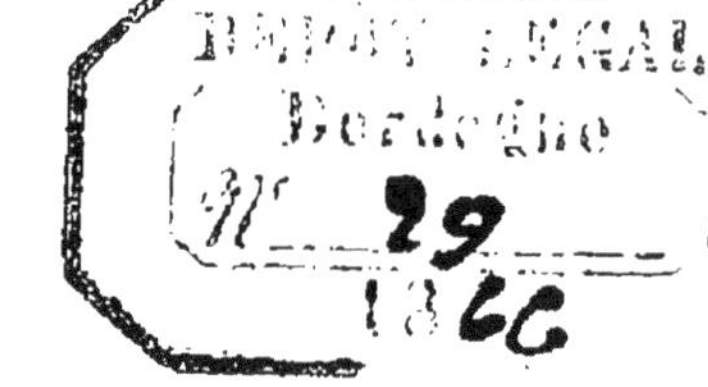

Prix : 1 Fr.

PARIS

LIBRAIRIE ADMINISTRATIVE PAUL DUPONT

SE VEND ÉGALEMENT

Chez les Libraires de Périgueux

Et à Bergerac, chez Mlles Védry et Duverneuil, libraires.

1866.

A SA MAJESTÉ NAPOLÉON III,

Empereur des Français.

SIRE,

Henri IV et Louis XIV ont laissé dans l'histoire de grands souvenirs : Henri fut le bienfaiteur de son peuple, Louis n'en fut que le tyran magnifique.

Le nom du bon roi sera redit avec vénération par les races futures, tandis que celui de Louis ne se rattachera jamais à aucune bénédiction.

Le grand Roi étendait les frontières de la France; Votre Majesté étend sa justice et sa sollicitude sur tous ses sujets, grands et petits.

Louis tirait sa grandeur de son orgueil incommensurable, Votre Majesté l'augmente chaque jour en imitant la Providence qui dispose de tout avec sagesse et mesure. Louis-le-Grand puisait sa force dans le droit divin, Votre Majesté la prend dans l'amour de tous ses sujets.

Les grands événements qui sont arrivés sous votre règne n'ont point empêché Votre Majesté de faire d'utiles réformes ; nous avons la confiance, Sire, que Votre Majesté n'a pas dit son dernier mot ni répandu ses derniers bienfaits. Les paroles bienveillantes que votre très honorable ministre d'État a prononcées devant les sénateurs en sont de sûrs garants ; elles m'ont encouragé à porter au pied du trône de Votre Majesté nos vœux et nos prières, heureux si j'ai su garder les formes polies qu'on doit avoir quand on prend la liberté de s'adresser à son souverain. C'est pourquoi je demande pardon à Votre Majesté de la franchise de mon langage ; le paysan du Danube ne fut point mis à mort pour avoir ainsi parlé devant le sénat romain. On le créa patrice. Moi, je ne demande que de voir la France tranquille et heureuse sous l'illustre et bien-aimée dynastie de Napoléon III.

Je suis, avec le plus profond respect,

Sire,

De Votre Majesté,

Le très humble et très obéissant serviteur et sujet,

P. ROUSSEAU.

OPINION DU PEUPLE

SUR LES

QUESTIONS POLITIQUES

ET ÉCONOMIQUES DU JOUR.

I

Aux Ouvriers.

Je suis peut-être le premier travailleur qui ait pu en toute liberté faire connaître à un grand monarque l'opinion que nous avons sur les affaires du pays. Depuis que le suffrage universel nous fait compter pour quelque chose et qu'un gouvernement juste s'intéresse sérieusement à nos destinées,

1.

l'espérance est revenue parmi nous, nos cœurs ont battu de joie et nous avons pris la résolution de grandir en moralité et en intelligence; il faut nous rendre dignes de la sollicitude de l'Empereur, il faut que nous soyons toujours son appui, que nous devenions la colonne sur laquelle il assoiera sa dynastie pour régner avec justice sur notre chère France.

Voilà le motif qui m'engage à m'adresser directement à notre souverain pour lui porter nos vœux et lui faire connaître nos besoins. Si j'ai pris cette courageuse résolution, c'est parce que nos honorables représentants ne connaissent pas l'opinion que nous avons sur les questions politiques et économiques. Il y a trop de distance entre le riche député et l'électeur populaire; voici pourquoi ils ne viennent jamais à nous et comment nous ne pouvons aller à eux; de là vient que ces grands fonctionnaires ne représentent que l'opinion d'une infime minorité de la nation, et si le gouvernement n'était pas instruit de ces faits, avec la meilleure intention il pourrait faire fausse route.

Voilà les raisons qui m'ont engagé à écrire cette brochure; je sais bien que ce travail aurait dû être fait par des mains plus habiles; mais j'espère que d'autres plus instruits que moi se mettront à l'œuvre; j'aurai du moins l'avantage d'avoir montré la route; j'ai aussi la confiance de l'avoir écrite avec les convenances et la franchise qui sont toujours l'apanage d'un honnête homme. Certes, j'aurais pu dire bien d'autres choses, mais il ne faut jamais mêler la passion à la défense d'une bonne cause; c'est une mauvaise conseillère qui a fait perdre bien des procès. Adressons-nous toujours à nos supérieurs avec respect et politesse, gardons toujours le droit pour nous, et nous arriverons à être écoutés. Du droit à la justice, de l'économie à l'aisance, de l'aisance à la fortune, il n'y a qu'un pas à faire : tâchons de le franchir.

II

Ma Généalogie. — Ce que j'étais en 1848. — Ce que je suis aujourd'hui.

Je ne crois point blesser la modestie en disant que j'appartiens à une famille honorable qui n'a jamais eu à soutenir de procès ni au civil, ni au correctionnel. Tout le monde sait que je suis jardinier, que mon pauvre père était jardinier ainsi que mon grand-père, dont beaucoup de personnes se souviennent encore. Mon aïeul était également jardinier, et mon bisaïeul l'était aussi au couvent des Cordeliers. Ici s'arrête la tradition orale; mais je suis persuadé que, de père en fils, mes ancêtres l'ont été du bon roi Dagobert : qui sait même s'ils n'aidèrent pas à planter la vigne après le déluge?— Il est inutile de parler de ma jeunesse, elle n'offre pas assez d'intérêt pour mes lecteurs; portons vite nos regards sur des faits historiques.

J'avais trente ans quand la révolution de 1848 nous surprit adressant des vœux au gouvernement du roi Louis-Philippe. Doué d'un cœur excessivement impressionnable, et voyant chaque jour la gêne et les embarras des classes laborieuses, je désirais ardemment voir améliorer leur sort. Je l'ai dit mille fois : si le riche connaissait bien la position d'une grande partie des ouvriers, il serait toujours plus raisonnable et le gouvernement plus compatissant. Et quand l'un et l'autre ne veulent pas donner la somme de bien-être qu'exigent la justice et les lumières du temps, il se fait dans la société des secousses épouvantables qui ne tournent jamais au profit des souverains ni au bonheur des peuples.

A ce mouvement des esprits vers un meilleur avenir, je ne fus pas le dernier à crier : *Vive la République!* à prendre part à toutes ses fêtes; il me semblait que ce que je désirais de bien allait nous arriver comme par surcroît. Rien n'était si beau que de voir les clubs à leur apparition : on n'entendait qu'exprimer des vœux pour le bonheur de la nation; on ne proférait aucun cri séditieux ni contre la noblesse, ni contre le clergé; d'ailleurs, il n'y avait plus sujet de critiquer leur puissance déchue, ni d'envier leur fortune, ils n'en avaient point. En ce temps-là on était si joyeux, qu'on payait les 45 centimes en chantant la *Marseillaise* et en trinquant au bonheur de la France.

Ce fut alors que dans toutes les réunions populaires on vit paraître ces hommes ambitieux qui, pour arriver au pouvoir, entraînèrent une foule de bons citoyens à professer des doctrines subversives, ou dans des complots condamnables qui attirèrent sur eux et leurs familles des peines et des malheurs toujours bien regrettables; pourtant ils étaient bien à plaindre, car en partie c'était d'honnêtes ouvriers qui s'étaient laissé tromper faute d'expérience, et par des hommes dont la plupart ont échappé à la tempête qu'ils avaient soulevée pour satisfaire leur ambition ou pour faire leur fortune. Ce qu'il y a de plus révoltant en cette occurrence, c'est de voir à cette heure quelques-uns de ces individus remplir des fonctions honorables. Mon cœur se serre au souvenir de ces lâches conseillers qui usaient de tout leur pouvoir pour nous faire crier : *Vive la République démocratique et sociale!* mots vides de sens, qui ne peuvent servir que l'intérêt des ambitieux et de drapeau à la révolte. Je me souviendrai toujours que je fus obligé de me retirer les larmes aux yeux devant les discours de ces orateurs furibonds, en protestant de toutes mes forces contre ces étranges et pernicieux systèmes.

Aujourd'hui je prends ma revanche; le jour de la justice est arrivé pour moi; mes opinions n'ont fait que se modifier en faveur du bien public; ce que je demandais bien inutilement alors à un gouvernement débordé, je le demande aujourd'hui avec la plus grande confiance à celui qui a su réparer le mal qui fut fait alors, tandis que je suis resté toujours le même, amoureux de la justice et grand partisan des réformes nécessaires. Mais que sont devenus ces bavards intéressés qui pensaient pour eux en prônant les intérêts du peuple? où sont leurs écrits pour défendre ses droits ou soutenir ses intérêts? Eh quoi! ils se sont cachés après avoir reconnu leur impuissance; quelques-uns ont imité les traîtres : ils se sont vendus!

Quant à moi, je ne regrette qu'une chose, c'est de ne pas avoir voté pour le Prince qui chaque jour répand ses bienfaits sur tous les enfants de la France. J'en demande pardon à Dieu et à lui-même. Thomas ne fut point haï de son Maître pour n'avoir cru qu'après avoir vu; mon repentir fait mon innocence; je ne demande rien pour moi; j'ai prouvé aux autorités de ma ville natale que j'étais désintéressé jusqu'au dévouement en remplissant depuis quinze ans des fonctions, bien souvent pénibles, sans aucune rétribution. Que ceux qui voulaient me faire chasser des clubs invoquent de pareils témoignages et en disent autant.....

III

Quel est le Gouvernement qui a rallié en France le plus de partisans, et quelle est la force des anciens partis.

Il est évident qu'avant la révolution de 1789, il n'y avait en France qu'un seul parti, et ce parti était si étroitement lié à la religion dominante, qu'on peut bien dire qu'il en faisait sa principale défense; on sait que dans la Vendée il enfanta des prodiges de valeur et de dévouement pour la cause du royalisme. Mais le temps qui détruit tout et qui renouvelle les hommes et les choses, a donné aux premiers l'instruction qui déracine les abus et l'expérience qui fait prendre toujours le meilleur parti.

Depuis cette époque, le peuple a été tellement ballotté, trompé si souvent dans son espérance, et droits réunis et autres mesures impopulaires, le gouvernement s'aliéna la nation, qui n'avait aucune raison de s'attacher à des maîtres qu'on lui avait imposés, qui lâchèrent les rênes à la réaction, et qui, pour combler la mesure, rendirent les fameuses ordonnances.

Les hommes de cœur et de bons sentiments ont pleuré avec raison sur les malheurs de cette antique race de nos rois. Charles X et sa famille partirent pour l'exil pour avoir écouté des hommes qui voulaient faire refluer l'esprit de la nation vers les temps anciens, et pour n'avoir pas accordé au peuple les satisfactions matérielles et morales réclamées par l'esprit de cette époque.

La révolution de Juillet, qui avait tant promis de bien-être, n'en donna pas du tout; elle voulut faire la belliqueuse et finit par tourner le dos aux nations qui l'imploraient après les avoir révolutionnées par son attitude et ses promesses. Elle sacrifia son principe populaire et chercha à vivocher par des offices de chancelleries.

Louis-Philippe fit avec son peuple ce qu'il avait fait avec celui des nations étrangères; il ne tint rien de ce qu'il lui avait promis, oubliant trop vite que les promesses sont des dettes sacrées qu'il faut payer avec usure. Il pensait sans doute qu'une popularité passagère équivaudrait à ses engagements. C'est pourquoi ce roi citoyen se promenait dans son Palais-Royal une tabatière à la main, et touchant de main aux ouvriers en blouse qui lui avaient préparé son trône. Mais quand plus tard le peuple réclama ce qu'il lui avait promis, par l'organe de la presse ou de ses représentants, le souverain populaire n'en tint aucun compte. Cette infidélité lui suscita bien des ennemis, et attira sur son règne des orages épouvantables.

Aussi quand arriva pour lui le moment des revers, le peuple, qui avait fait la révolution pour améliorer son sort, trompé dans son attente, laissa faire les hommes de barricades, qui brisèrent sans peine un trône sans racine.

La révolution de 1848 n'enfanta qu'une république éphémère. A part quelques hommes de cœur, dont le nom a été trop vite oublié, ce fut le règne des intrigants et des révolutionnaires. L'impôt des 45 centimes, les clubs et les ateliers nationaux produisirent une foule d'embarras pour le gouvernement et l'empêchèrent de fonder quelque chose de durable. Il y avait alors si peu de républicains, que c'eût été un miracle de voir en France une république se constituer, tant elle était si peu dans nos mœurs. Il faut le dire aussi, les souvenirs sanglants de 1793 retarderont bien longtemps encore son véritable avènement. D'autre part, une minorité turbulente ensanglanta les rues de la capitale et amena une terrible répression; ce fut là son malheur et son arrêt de mort. Elle disparut aussi vite qu'elle était venue, sans laisser dans le cœur des populations de véritables regrets ni de bons souvenirs, sinon le suffrage universel, qui est le principe incontestable de la souveraineté du peuple et le plus sûr garant de ses destinées futures.

A son avènement au trône, il était bien difficile à Napoléon III de satisfaire tous les partis qui s'étaient volontairement enrôlés sous la bannière de ce nom si glorieux et si populaire. A cette époque, beaucoup de personnes n'étaient point rassurées sur l'avenir de la France, beaucoup d'autres croyaient se servir de lui pour remplir momentanément le vide du trône. Je crois que la confiance est revenue chez les premières et l'étonnement chez les autres.

Je pense qu'on doit attribuer au malheur de

l'exil cette grande expérience que possède ce monarque à un aussi haut degré et ce tact exquis si nécessaire pour diriger les affaires d'une grande nation; et pourtant il a su aplanir toutes les difficultés de sa position, vaincre tous les obstacles qui l'empêchaient d'arriver à ses fins glorieuses. Aujourd'hui nous sommes obligés, en conscience, de reconnaître que jamais aucun souverain n'a tant travaillé par lui-même pour rendre la France heureuse et prospère; tout dans sa marche ascendante n'a qu'un but : la grandeur de la nation et le règne de l'équité. Saint-Louis, de glorieuse mémoire, rendait la justice au moindre de ses sujets sous le chêne de Vincennes. Napoléon III accueille les grands et protége les petits; le plus simple citoyen peut lui parler, lui écrire pour lui exposer sa position malheureuse, il ne le fera jamais en vain. Dans le voyage qu'il fit en Corse, sa véritable patrie, comme il se promenait en calèche découverte, une foule de personnes s'approchaient de lui pour lui parler ou lui remettre des placets; ce que voyant, les officiers de son escorte voulaient empêcher cette masse d'individus de tout rang et de toute condition de s'approcher de la voiture. Mais l'Empereur, de son regard protecteur et gracieux, dit à ces messieurs : « Laissez, laissez venir à moi ce bon peuple. » C'est le précepte du divin Maître mis en pratique dans toute sa rigueur.

Sa Majesté l'Impératrice Eugénie, cette seconde reine Blanche, est la protectrice de tous les infortunés. Son cœur généreux est toujours accessible à la pitié. Elle intercède souvent auprès de son auguste époux pour les affligés et pour les coupables; jamais aucune princesse n'a connu mieux qu'elle le doux nom de charité.

Et ce jeune prince, l'espoir de la France, élevé par un autre Fénelon dans l'amour de la justice, et qui reçoit chaque jour une éducation si conforme à l'esprit du temps et aux besoins toujours croissants d'une population si intelligente et si digne de protection.

Jetons maintenant un rapide coup-d'œil sur les grandes choses qui se sont faites sous ce règne. Et d'abord, il est hors de doute que jamais la France n'a été plus florissante que de nos jours, jamais son influence n'a été plus grande qu'aujourd'hui; elle s'est couverte de gloire en délivrant l'Italie de la tyrannie des Autrichiens, en même temps qu'elle étendait nos frontières jusqu'aux Alpes, notre limite naturelle. Le Russe trouva son maître dans le soldat français en lui barrant le chemin de la frontière des deux mondes. A l'intérieur, de grandes réformes ont eu lieu : La religion et le clergé ont été traités bien favorablement. Les ouvriers ont eu leur part, la loi sur les coalitions, la mise en vigueur de l'assistance judiciaire et l'abolition des droits protectionnistes, sont des bienfaits d'une reconnaissance éternelle.

De tous les faits que je viens de relater dans ce chapitre, j'en tire cette conclusion : que s'il est vrai, comme je le crois, que les hommes s'attachent à leurs souverains ou à leurs maîtres en raison de leurs bienfaits, ou par la somme de bonheur qu'ils leur procurent, on peut affirmer, sans crainte d'être démenti, que Napoléon III a le pas sur tous les monarques ses prédécesseurs, et conséquemment ses partisans sont tellement nombreux, qu'on peut dire en toute vérité que la force des anciens partis est réduite à bien peu de chose.

On doit se rappeler qu'aux élections présidentielles, le reflet de son nom lui attira cinq millions de suffrages; aujourd'hui la raison d'intérêt général lui en donnerait plus de sept, parce que moi et un nombre prodigieux d'autres électeurs avons été convertis par la valeur de ses actes, la profondeur de ses vues et la masse de ses bienfaits.

Ce chapitre serait incomplet si je ne mettais pas sous les yeux de mes lecteurs, qui ne lisent jamais les journaux, une circulaire de Son Excellence M. le marquis de La Valette, ministre de l'intérieur. Si on la compare à tous les documents de ce genre qui ont été publiés par les gouvernements qui ont précédé celui de Napoléon III, on pourra se convaincre facilement qu'il est le plus juste, le plus libéral, je dirai même le plus démocratique en son genre; il honore beaucoup le souverain qui l'a conçu et le savant ministre qui l'a publié.

Circulaire de Son Excellence M. le Ministre de l'intérieur à MM. les Préfets :

« Paris, 13 avril 1865.

» Monsieur le Préfet,

» J'ai déjà eu l'honneur de vous adresser des instructions
» au sujet des rapports politiques que vous devez me faire
» parvenir périodiquement. Vous avez compris qu'au lieu

» d'embrasser dans une circulaire d'ensemble la direction » générale à donner au service, mon intention est de vous » faire connaître successivement mes vues sur les principa- » les questions qui rentrent dans les attributions du minis- » tère de l'intérieur. Je vais aujourd'hui appeler votre » attention sur la règle que vous aurez à suivre dans les » rapports avec les populations et sur l'importance que » j'attache à ce que vous et vos collaborateurs fassiez dans » la circonscription des tournées fréquentes et pratiques. » Je sais, monsieur le Préfet, et je vous en loue, que vous » consacrez aux affaires du chef-lieu tous les soins qu'elles » comportent et aux relations sociales le temps qu'elles ont » droit d'exiger. Vous trouvez là le moyen de fortifier votre » action et d'étendre votre influence. Mais vous ne devez » pas seulement vous concilier les sympathies des adminis- » trés avec lesquels vous êtes en contact quotidien, il faut » vous souvenir sans cesse que d'autres intérêts réclament » votre sollicitude et profiteraient de votre présence.

» Une circulaire de l'un de mes prédécesseurs a prescrit » que, dans le délai de deux ans, toutes les communes de » votre département devraient être visitées, soit par vous, » soit par MM. les Sous-Préfets. La mesure est excellente, » mais elle n'a pas été, sur tous les points, suffisamment » mise à exécution; de plus, l'une de ces tournées pres- » crites se confond avec celle du recrutement, qui est for- » cément rapide et chargée de soins de toute nature. Il ne » faut pas, d'ailleurs, que les populations rurales ne vous » voient au milieu d'elles qu'au moment où vous y êtes

» appelé par les exigences de ces fonctions spéciales. Il » importe qu'elles vous voient vous imposer les mêmes » déplacements pour venir étudier sur place leurs affaires » et leurs besoins.

» Il importe que non-seulement vous soyez accessible à » tous, mais encore que vous veniez à ceux qui ne peu- » vent aller à vous. Les grands intérêts s'affirment tou- » jours; les petits sont souvent timides. Mais l'Empire » doit étendre également sur tous sa justice distributive, » et celle-ci est d'autant plus efficace qu'elle est rendue de » plus près.

» C'est surtout dans les divisions locales où des rensei- » gnements contradictoires laissent incertaine la meilleure » solution à donner aux affaires, que votre présence » devient indispensable. La vue des lieux vous en appren- » dra plus qu'une longue correspondance; votre interven- » tion personnelle fera jaillir la lumière du choc même des » intérêts, et elle sera d'autant plus efficace pour ménager » entre les prétentions opposées une conciliation équitable.

» Entretenez donc avec vos administrés ces rapports » constants qui cimentent la confiance après l'avoir fait » naître, et quand vous aurez à faire appel à leur con- » cours, vous trouverez des relations sûres et des amis » dévoués.

» Faites vous-même, et demandez à MM. les Sous- » Préfets des tournées fréquentes et uniquement consacrées » à visiter les communes éloignées du chef-lieu; écoutez » toutes les plaintes, ne négligez aucune réclamation. Il

» n'est pas de petits intérêts pour les intéressés, et une » simple question d'alignement, qui n'est pour l'administration qu'une affaire de détail, est souvent celle qui » préoccupe le plus le citoyen qu'elle concerne et qui lui » inspirera le plus de mécontentement contre une administration négligente, le plus de reconnaissance pour une » administration active et vigilante. Il faut donc, monsieur » le Préfet, sans laisser en souffrance les grandes affaires » auxquelles l'Empereur vient de donner une nouvelle et » énergique impulsion, vous occuper aussi des petites, » veiller à ce qu'elles reçoivent toujours une solution » prompte et consciencieuse. Grâce à cette application soutenue qui ne laissera rien péricliter, vous développerez » votre influence par les moyens les plus dignes de l'administration, et vous retrouverez dans les sympathies du » pays ce que vous lui aurez donné en dévouement.

» Je sais, monsieur le Préfet, que votre concours intelligent et dévoué ne me fera pas défaut, et que vous et » vos collaborateurs vous vous conformerez à mes instructions. L'Empereur attache un intérêt considérable à ce » qu'elles soient exactement suivies. Je veillerai à l'exécution de ses ordres, et j'ai la certitude que je lui apporterai bientôt la preuve que l'administration française redouble de zèle pour son service, et qu'elle est plus que » jamais digne de sa confiance.

» Recevez, etc.

» *Le ministre de l'intérieur,*

» DE LA VALETTE. »

Aussitôt qu'elle eut paru, cette circulaire ramena le contentement dans tous les esprits : les petits crurent alors qu'on venait sérieusement leur ouvrir les portes de la justice, comme les portes de nos temples le sont pour les fidèles. Malheureusement, l'intention bienveillante de notre bien-aimé souverain et les ordres sacrés de son intelligent ministre ne reçoivent point leur exécution, attendu que lorsque M. le préfet vient nous visiter, son temps est absorbé par les visites officielles qu'il est obligé de faire ou de recevoir, et que les trois quarts de la population ignorent presque toujours son arrivée parmi nous; et que, d'un autre côté, il est très difficile aux petits d'arriver jusqu'à lui pendant qu'une foule d'employés plus ou moins gros s'empressent de faire leur cour à leur supérieur, ce qui est très naturel, et dont plusieurs d'entre eux ont souvent grand besoin. Toujours est-il qu'il arrive bien des fois que les petits ne peuvent aborder celui qui est chargé de l'administration toute paternelle du département, il y a mille raisons pour les empêcher d'arriver jusqu'à lui; et notez bien que tout cela se fait à son insu. Ce que je dis ici de M. le préfet peut s'appliquer à M. le sous-préfet; l'un suit l'autre, ce qui prouve jusqu'à l'évidence que le petit est presque toujours privé de faire des réclamations souvent bien justes, et que ce haut magistrat se trouve par cela même privé de rendre la justice à ses administrés.

Si Son Exc. veut que sa circulaire soit efficace, et elle devrait l'être, il n'y a qu'un moyen à prendre : faire connaître aux communes visitées par M. le préfet ou M. le sous-préfet l'arrivée de ces grands fonctionnaires, puis, par des affiches, prévenir le public que ce haut magistrat se tiendra de telle heure à telle heure à tel endroit, à la disposition de ceux qui croiront avoir des plaintes à formuler ou des réclamations à faire. Alors, mais alors seulement, vous aurez ouvert au petit le véritable accès de la justice, et votre administration sera bénie et aimée comme vous voudriez, comme nous voudrions qu'elle le fût.

IV

Sur la Législation actuelle.

Il est certain que tous les législateurs modernes sont d'accord sur ce point : que le Code de procédure civile n'est plus en harmonie avec l'esprit du temps, et que le Code de législation criminelle a besoin d'être modifié. Les jurisconsultes les plus éminents ont conscience du fait; mais la tâche est tellement ardue et difficile, que ce grand travail ne se fera pas aussi vite que la nation le désirerait.

Il n'est pas besoin, en effet, de faire des efforts d'imagination pour voir le vice d'une partie de nos lois; tous les hommes instruits savent parfaitement qu'elles doivent être plus fortes pour un peuple à l'état de nature que lorsqu'il a atteint un grand degré de civilisation. De même qu'il faut qu'elles soient de fer dans un gouvernement démocratique, et légères sous celui qu'on nomme théocratique, c'est-à-dire où le chef d'état dispose de presque toute la force de la nation. D'après cet exposé, il y en a qui ont besoin d'être fortement modifiées. Ainsi la loi sur la chasse, la pêche, et une foule d'autres que je ne veux pas énumérer; d'ailleurs l'imagination se frappe beaucoup plus pour les choses qu'on voit que pour celles qu'on entend dire. Ce qui m'a fait tant de mal au cœur, c'est d'avoir vu punir le citoyen pour le premier délit et le flétrir pour le premier vol; je connais si bien le cœur humain, que je défie qui que ce soit de n'avoir jamais eu cette tentation : et combien de nous avons succombé à cet âge où la jeunesse se croit tout permis; seulement, nous n'avons pas été pris en flagrant délit, et aujourd'hui nous sommes d'honnêtes gens, tandis que beaucoup d'entre nous seraient des fripons si nous avions été flétris. Mais enfin nous avons résisté, parce qu'ordinairement la raison l'emporte sur la passion, et nous sommes restés des gens intègres. Mais combien j'en connais qui, pressés par le besoin ou voulant satisfaire un caprice, ont été pris sur le fait en voulant emporter des choses qui bien souvent ne valaient pas cinq francs, ce qui n'empêchait pas le propriétaire de l'objet volé d'aller dénoncer à la justice un acte que lui-même pouvait juger et punir. Je sais qu'il y en a beaucoup qui se repentent d'avoir déposé leur plainte; mais quand le mal est fait, il n'y a plus moyen de le guérir. Qu'on y réfléchisse, et on verra qu'il ne faut pas se presser et que la nuit porte conseil. Je ne ferai jamais l'apologie du vol, il est toujours hideux; mais je puis bien dire en toute vérité que je serais beaucoup plus indulgent pour le pauvre qui m'emportera un peu de bois pour se chauffer, et pour le malheureux qui me prendra quelques légumes pour satisfaire sa faim, que pour le voleur en galons qui ne reculera devant rien pour m'emporter mon argent ou mes ustensiles de ménage. Je crois que tous les hommes raisonnables seront de mon avis.

Un auteur bien distingué par son talent (1) a écrit cet axiome plein de vérité, et qui a été corroboré un million de fois par l'exemple : « La loi, dit-il, » qui mène le voleur en prison, le conduit bien sou- » vent à la potence. » En effet, quand l'homme se

(1) M. Élie Berthet.

croit déshonoré, rien ne lui coûte; il a, comme dit le peuple, passé devant le four du pâtissier; il a mangé la honte avec l'honneur. Aussi j'ai vu beaucoup de malheureux entrer en prison non vicieux et en sortir de véritables fripons, des hommes qui avaient juré haine à la société, et qui voulaient se venger d'elle, parce qu'elle les avait flétris pour une faute bien souvent légère.

L'Angleterre, plus avancée que nous en cet endroit, ne flétrit point le premier vol : la loi, indulgente comme une bonne mère de famille, punit légèrement l'auteur d'une première faute, et par ce moyen elle ramène dans le devoir un grand nombre de citoyens qui se rendent presque toujours dignes du premier pardon.

Beaucoup de personnes ne seront pas fâchées de savoir comment on procède à l'égard des accusés. C'est ordinairement le juge coroner qui les interroge. Sa première question est celle-ci : « Accusé, » voulez-vous plaider innocent ou coupable? » — L'accusé répond presque toujours avec sincérité devant ce magistrat, et bien lui en va; car il sait que, quoique coupable, s'il avoue sa faute, le tribunal sera indulgent pour lui, tandis que s'il cherche à tromper ses juges, il ne doit attendre ni indulgence ni pitié. En traitant ce sujet au fur et à mesure de son importance, j'arrive tout naturellement à parler de la peine de mort. Je ne dois pas le dissimuler, je reconnais ici que des hommes d'un grand talent ont bien plaidé pour l'abolition de cette peine capitale; il me semble qu'ils se sont laissé entraîner par la bonté de leur cœur à la défense de cette terrible cause. Je ne crois pas qu'ils aient raison en cette circonstance, attendu qu'en général les hommes dépravés qui commettent des crimes ont toujours commencé par la débauche et le vol, et toutes les corrections qu'on leur a infligées pour les ramener à la société ont été inutiles.

Un auteur moderne (1) a dit : « Je voterai contre » la peine de mort, quand messieurs les assassins » l'auront abolie. » Et moi, je dis aux partisans de l'abolition : C'est très bien, messieurs, d'être compatissants au malheur; c'est pourquoi je veux l'être plus que vous. Vous voulez sauver la vie à de grands coupables, et moi, je veux épargner celle de plusieurs innocents; j'aime mieux que la justice fasse

(1) Alphonse Karr.

couler le sang d'un profond scélérat, que si je voyais ce scélérat pardonné revenir assassiner des hommes inoffensifs. Il est vrai que vous proposez de les envoyer à Cayenne, et vous prétendez que là ils ne feront plus de mal; et moi, je vous dis qu'ils en feront partout où ils vivront. Envoyez-les au Spitzberg, ils reviendront en France sur deux planches mal cousues, ayant pour provisions de bouche quelques biscuits, un peu de tabac, pour boisson l'eau de la mer, et pour boussole le génie du mal, qui les conduira de nouveau sur le sol hospitalier de la patrie. Et notez bien qu'à leur arrivée ils chercheront à tuer quelqu'un pour avoir de l'argent, comme cela est arrivé déjà, et leur victime sera, peut-être, un de ceux qui auront plaidé leur cause. Voilà l'histoire des gens qu'on veut conserver à la société, comme si elle pouvait dormir tranquille quand elle aura dans son sein les Lacenaire, les Dumolard et les Jacques Latour.

Au moment où j'écris ces lignes, un jeune homme qui avait commis un vol de peu d'importance, et qu'on venait de mettre en prison, se croyant déshonoré, a mis fin à ses jours en se pendant aux barreaux de la prison de Bergerac. Quelle preuve en faveur de la cause que je défends, et quel malheur pour la famille de cet infortuné !

V

De la politique extérieure.

De tous les actes politiques, ceux qui demandent à être traités avec le plus de circonspection sont assurément ceux qui ont trait aux affaires étrangères. Est-il convenable que tous les souverains de l'Europe connaissent les plans qui sont adoptés par le gouvernement pour la prospérité de la nation, ou pour contrebalancer certaines influences? On serait fort embarrassé de me faire des objections sérieuses, si j'examinais cette question dans toute sa plénitude; mais je n'ai ici, comme dans toutes les matières traitées dans cette brochure, qu'à faire connaître comment le peuple dans son gros bon sens envisage cette affaire.

Je vais d'abord faire une comparaison bien simple, et je finirai ce chapitre par un fait historique qui devrait guérir certains députés du zèle trop ardent qu'ils montrent parfois sur un sujet si grave et si délicat.

Un particulier qui soutient un procès, où bien souvent sa fortune et son honneur sont engagés, va-t-il bénévolement dire à son adversaire ses moyens d'attaque et de défense? Les démarches qu'il fait chaque jour pour le succès de sa cause? Assurément non; eh bien! le gouvernement est ce riche particulier qui chaque jour est occupé à défendre nos intérêts et à sauvegarder notre honneur, quelquefois compromis par des fautes particulières ou par la marche des événements, et quoique bien intentionné, il peut se tromper, faire des erreurs; mais quand il les connaît, il ne tarde pas à y porter remède. Le gouvernement n'a aucun intérêt à laisser subsister le mal. Après tout, que font toutes ces déclamations contre des guerres bien souvent entreprises malgré soi, ou pour des raisons de grande politique? Sans doute, toute guerre est un fléau pour la nation qui l'entreprend, comme pour celle qui le supporte; mais quand l'honneur est en jeu et qu'on ne peut plus reculer, il faut alors marcher à la victoire. Après cela, toutes les récriminations deviennent inutiles, tous les beaux discours sont superflus, le peuple voit toujours avec douleur rapetisser les actes de son gouvernement devant le pays et aux yeux de l'Europe attentive et jalouse. D'ailleurs, ces hommes honorables que nous avons investis du mandat de député ne devraient jamais oublier que les vrais patriotes blâment en silence et conseillent toujours en secret.

Quant au gouvernement parlementaire dont les attraits sont si séduisants, et qui viendra s'installer tout seul quand nous serons assez réservés, il offre pourtant des inconvénients qui ressortent de sa nature même, qui exige la discussion publique de toutes les affaires.

C'était en 1829, alors que le dey d'Alger avait fait la sottise d'insulter la France en frappant son représentant; le gouvernement d'alors (il faut lui rendre cette justice) était très pointilleux sur le point d'honneur, aussi s'empressa-t-il de demander une réparation éclatante.

Malheureusement pour lui, le Dey se croyait assez fort pour braver impunément la nation la plus vaillante de l'univers; vous savez qu'il lui en coûta fort cher pour ne pas avoir écouté les conseils de la prudence, et pour avoir résisté à un pareil ennemi.

Les chambres assemblées furent consultées pour savoir comment on lui ferait la guerre; beaucoup d'avis furent donnés, plusieurs plans furent présentés, rien ne fut omis; on discuta longuement sur le meilleur moyen de détruire ce nid de pirates; en définitive, le plan qui fut adopté était connu de toute l'Europe, avant que les troupes fussent embarquées pour l'expédition; de telle sorte qu'il était facile au Dey de savoir, par une nation amie et jalouse de notre entreprise, le nombre de vaisseaux qui allaient le saluer avec des boulets rouges, la force de l'armée qui allait le combattre, enfin le lieu désigné d'avance pour le débarquement de nos soldats.

Je laisse maintenant à juger aux hommes sérieux qui connaissent toute la valeur des secrets qu'on doit garder dans l'art de la guerre, si ce système n'est pas dangereux, surtout lorsqu'on doit la faire à des ennemis qui par leur position géographique ont plus d'intérêt à savoir nos intentions, afin de pouvoir en profiter, pour paralyser les meilleurs moyens d'attaques, comme pour anéantir les défenses les mieux combinées.

VI

Le peuple.

Le peuple forme l'armée et verse son sang sur les champs de bataille pour la défense de la patrie.

Le peuple fertilise les champs de ses sueurs; de la fertilité du sol dépend la richesse nationale.

Le peuple alimente les ateliers, travaille toujours et pour toutes les industries, et crée chaque année des chefs-d'œuvre nouveaux. On peut dire avec raison qu'il est la source véritable d'où découlent tant de richesses pour le commerce et tant de bienfaits pour chacun de nous. Le peuple fait la voiture du riche, soigne ses chevaux, lui construit ses palais, les décore, lui trace ses jardins, les pare de fleurs et de fruits, lui dessert sa table avec magnificence, lui crée pour ainsi dire un paradis sur la terre. Que le peuple est grand! comme il est dévoué à la patrie, à la société et à sa famille! Le pauvre vigneron, courbé sous le poids de son travail, me semble aussi grand que l'artiste qui tient sa palette pour peindre un magnifique tableau. Le jeune cultivateur, revenant de l'armée et reprenant sa charrue pour cultiver son champ, me rappelle la grandeur de Cincinnatus, le dévouement de nos médecins et le mérite de l'infatigable navigateur, de même que l'artiste des ateliers et le professeur des écoles.

Il paie les trois quarts des impôts, et ne demande à son souverain que repos et justice.

Il laisse les emplois pour les grands de la terre, et ne demande pour tant d'abnégation et de sacrifices que la faculté de pouvoir vivre sans trop de privations, d'élever ses enfants honorablement, afin qu'ils puissent devenir un jour des travailleurs laborieux, des sujets reconnaissants, toujours prêts à se dévouer pour le souverain qui aura bien voulu compatir à ses souffrances en faisant quelque chose pour les alléger.

Voilà le peuple tel qu'il est, avec sa force matérielle et morale, avec son inclination au bien, et possédant toujours l'espérance d'un meilleur avenir.

Béni soit donc l'illustre Empereur qui a commencé à améliorer sa position par des réformes de plus en plus en rapport avec les lumières du temps et les vues de la Providence. Le temps est venu où les grands de ce monde doivent comprendre que toutes les jouissances de la vie ne doivent pas être exclusivement pour eux, et que ceux qui les fécondent doivent en profiter, sans envier leur position et sans vouloir le sacrifice de leur fortune.

VII

L'Armée.

La fameuse bataille de Lutzen fut gagnée en partie par le concours de trente mille conscrits armés de la veille, ce qui prouve que chez les Français il ne faut pas avoir les moustaches grises pour livrer des combats ni pour remporter des victoires. La plus forte armée n'est pas la plus nombreuse, mais celle qui est la mieux disciplinée et la mieux commandée.

Trente mille Grecs battirent un million de soldats persans. La dixième légion de César conquit presque toutes les Gaules.

Les grandes armées ne peuvent jamais servir à fortifier les gouvernements, car si elles sont trop nombreuses, l'élément populaire y dominera ; à la première défaite, elles feront cause commune avec le peuple. La véritable force d'un État se trouve dans l'unité de la nation et dans son amour pour le souverain. Le monarque peut alors éprouver des revers, être battu par l'inconstance de la fortune, mais jamais abandonné. A l'exemple du vieillard de Castille, le peuple accourt avec son or et ses enfants pour le secourir.

Si les armées de l'Europe restent longtemps sur un tel pied de guerre, elles finiront par ruiner les gouvernements et les nations. Le plus grand malheur qui soit arrivé de nos jours, c'est que les monarques régnants n'aient pas écouté les conseils de Napoléon III, quand il demandait un congrès général pour aplanir les difficultés qui s'étaient élevées entre quelques gouvernements. Le grand prince, qui voulait faire prévaloir cette idée si juste et si humanitaire, rencontra les passions armées sur son passage, et la discorde sortie de l'enfer pour l'empêcher de la faire prévaloir. Beaucoup de souverains s'en repentiront; mais alors que de sang inutilement versé!

Aujourd'hui que la France commence à être tranquille et redoutée, si le gouvernement renvoyait une partie de l'armée pour la rendre à l'agriculture et aux autres travaux, ce serait un bienfait immense pour les arts comme pour dégrever le budget.

Le soldat, après avoir passé une année au régiment pour apprendre l'exercice, pourrait être renvoyé dans ses foyers, où il n'aurait plus qu'à se présenter aux revues périodiques qui devraient avoir lieu dans tous les cantons, de sorte que le gouvernement l'aurait toujours sous la main, et l'expérience a démontré que dans les soldats de la réserve jamais aucun n'a fait défaut. On m'objectera que l'État serait embarrassé pour conserver les cadres de l'armée. C'est absolument comme si on avait dit il y a vingt ans : gardons-nous de faire des chemins de fer ! que deviendraient les rouliers, les selliers, les bourreliers et les aubergistes qui sont si nombreux ? Eh bien ! ces gens-là ne sont pas morts de faim ; ils se sont déplacés, voilà tout.

Qui ignore aujourd'hui que lorsqu'un gouvernement veut faire des réformes, il est obligé de froisser certains intérêts pour en protéger de plus considérables ? On pourrait donc envoyer les chefs chez eux en activité de service, comme les simples soldats, à qui on ne donne rien ; mais on paierait les supérieurs en raison de leur grade et de leurs besoins.

L'Empereur, dans sa sagesse, a déjà commencé cette réforme; il faut espérer qu'il la continuera et qu'il saura garder la paix pour notre belle France.

XIII

De l'Instruction.

Comme l'instruction ne touche pas aux choses matérielles, et que le peuple des campagnes et un grand nombre de villageois ne la considèrent pas comme une chose de première nécessité, je vais tâcher de leur en faire comprendre l'importance par une comparaison bien simple que je vais tirer de la constitution des végétaux. Les plantes qui croissent dans les champs en pleine liberté sont à l'état de nature; on les nomme avec raison les plantes sauvages. Ainsi, par exemple, la carotte sauvage, le salsifis sauvage, le panais sauvage, etc. Eh bien! toutes ces plantes, qui ne peuvent servir à rien dans leur état primitif, transplantées et cultivées dans nos jardins, finissent avec le temps et les soins par devenir des racines succulentes, qui sont en réalité un véritable trésor pour desservir la table du riche comme celle de l'artisan. Je pourrais en dire autant des arbres et des fleurs si j'avais à faire leur description; mais tel n'est point mon sujet; et si j'emploie l'allégorie pour me faire comprendre de plusieurs, je mérite l'indulgence en raison de l'intérêt que je porte à tous ceux qui ne jouissent pas des bienfaits que la Providence répand si largement sur la terre. Eh bien! cette comparaison peut s'appliquer aux hommes qu'on laisse sans instruction, s'ils ne sont pas doués d'un cœur généreux, si le père et la mère ne les ont point élevés dans la crainte de Dieu et dans l'amour du bien; si dans leur jeunesse ils n'ont pas eu de bons exemples et qu'ils aient eu le malheur de fréquenter des camarades vicieux, ils sont certains de rester sauvages, c'est-à-dire qu'ils deviendront tôt ou tard les ennemis de la société et lui feront toujours la guerre, en commençant par le vol et en finissant quelquefois par le crime : ce qui prouve que l'instruction morale est indispensable pour former un honnête homme et qu'elle doit toujours précéder l'autre.

Vient ensuite l'instruction secondaire si utile à tous les ouvriers, soit pour la tenue de leurs livres de compte, soit pour faire leur devis ou écrire leur correspondance, en un mot, tout ce qui est nécessaire pour faire un commerce ou exercer une industrie.

Aujourd'hui, grâce à la sollicitude du gouvernement, les écoles où l'on apprend tout cela sont nombreuses et parfaitement bien tenues, sans que le prix des classes soit trop élevé pour priver les pères de famille d'y envoyer leurs enfants.

Je serais bien partial et bien ingrat si je ne parlais pas de l'instruction gratuite des écoles chrétiennes. Ces jeunes gens, si modestes et si instruits tout à la fois, qui supportent tant de critiques injustes et tant de reproches non mérités, qui ne peuvent recevoir aucun cadeau, afin qu'il n'y ait pas de préférence entre les écoliers pauvres ou riches; ces jeunes gens, dis-je, passent leur vie à élever les enfants du peuple sans autre rétribution que leur nourriture de chaque jour, et sans autre récompense que le souvenir de leurs bienfaits et celle qui les attend dans le ciel. Les philosophes parfumés les nomment par dérision : les frères ignorantins. Vous allez voir s'ils méritent cette épithète. A Paris et dans toutes les villes de province, ce sont eux qui forment cette foule de jeunes gens si polis, si distingués, et qui deviennent ensuite ces grands artistes dont nous admirons chaque jour les produits et quelquefois les chefs-d'œuvre. Chaque année, dans toutes leurs écoles, ils choisissent tous ceux de leurs élèves qui montrent de grandes aptitudes pour les sciences ou pour les lettres, et les mettent ensuite dans les séminaires, où ils sont élevés au moyen de quêtes qu'on fait chaque année dans tous les diocèses de la France; puis, avec l'instruction et le temps, ces enfants deviennent les Gousset, les Berteaud, les Donnet, les Dupanloup présents et futurs; après cela, on s'étonnera que le clergé soit instruit.

Voyons maintenant les inconvénients qu'il y a de multiplier les colléges et de dépenser des sommes énormes pour les rebâtir (ce qu'on fait à Bergerac, à mon grand regret). La commune dépense chaque année au moins dix mille francs pour l'entretien de cette école qui ne possède en moyenne que quatre-vingts élèves appartenant presque tous aux riches de la contrée; l'autorité municipale dispose de deux bourses et de quatre demi-bourses, et qui malheureusement sont souvent accordées à ceux qui n'en ont pas besoin, grâce à l'influence qui fait bien son chemin aujourd'hui. Je disais donc que la commune dépensait au moins 10,000 fr. pour donner l'instruction à quatre-vingts élèves, tandis qu'elle n'en débourse que 2,050 pour la donner à plus de mille appartenant aux classes laborieuses, savoir : 1° 750 fr. pour la salle d'asile, 800 fr. pour les instituteurs-adjoints et 500 fr. pour l'école des adultes qui ne se fait plus depuis deux ans, *grâce à la vigilance de l'autorité.* Il ne faut pas perdre de vue que dans cette circonstance, c'est l'argent des ouvriers qui sert à payer pour faire instruire les enfants des riches.

Maintenant, sur les quatre-vingts élèves du collége de Bergerac, cinq ou six en moyenne sont reçus bacheliers et deviennent parfois de bons médecins et des avocats distingués, etc.; mais ceux qui ne peuvent pas atteindre ce but, croyez-vous qu'ils vont rentrer dans le négoce ou qu'ils vont se faire agriculteurs pour travailler ou faire travailler l'héritage de leurs parents? Détrompez-vous, ils se croiraient déshonorés; il vaut bien mieux, pour malheur du genre humain, qu'ils soient de mauvais écrivains, des feuilletonistes immoraux, sans style et sans goût, ou bien des journalistes sans talent, toujours prêts à bouleverser l'ordre de choses établi, au détriment du pauvre peuple et pour le malheur des souverains.

Voilà les raisons qui m'ont empêché de mettre mon fils au collége. J'ai préféré en faire un bon ouvrier qu'un paresseux ou un philosophe en jaquette, méprisant parfois ses parents et toujours disposé à réveiller la mémoire de Brutus et à remuer les cendres de Lacédémone, faquins qui n'auraient jamais le courage de manger pendant huit jours le brouet noir des Spartiates.

Il est bien temps que le gouvernement fasse cesser ces grands abus. Nous n'avons plus que faire de révolutions et de révolutionnaires; il faut dorénavant que chaque citoyen devienne travailleur intelligent, et qu'il coopère selon son savoir ou sa fortune à la grandeur et à la prospérité de la nation.

D'après ces considérations, ne serait-il pas équitable et avantageux tout à la fois que le gouvernement fît choisir chaque année, dans toutes les écoles primaires de France, un nombre déterminé d'élèves possédant une grande somme d'intelligence et un goût bien prononcé pour les études classiques? Ils seraient élevés aux frais de l'État, et l'Empereur et la nation trouveraient dans cette mesure, aussi juste que sensée, toute la récompense d'un si grand bienfait. Alors on verrait surgir une foule de grands hommes qui restent mort-nés pour l'intelligence, et qui deviendraient la gloire de la nation et l'orgueil du souverain qui entreprendra cette noble tâche.

Voilà, ce me semble, les améliorations qu'on doit apporter à l'enseignement; en multipliant les écoles (il faudrait aussi rétribuer un peu plus les instituteurs), en encourageant l'instruction, le gouvernement a fait ce qu'il devait faire. Quant à l'instruction gratuite et obligatoire, c'est une mesure despotique qui a été dictée par un sentiment généreux; mais elle est de tout point impraticable. Un seul fait suffira pour le prouver.

J'ai un vigneron à qui je donne cinquante francs par mois environ. Cet homme a cinq enfants, l'aîné a dix ans. Après la publication de la circulaire de Son Excellence M. Duruy, ministre de l'instruction publique, je lui dis que bientôt il faudrait qu'il envoyât ses enfants à l'école. Il me répondit que si on le forçait à faire cela, il faudrait bien que le gouvernement les nourrît et les vêtît en même temps; que déjà il était plus que gêné pour remplir ses devoirs envers sa famille. Ce qui me console un peu, dit-il, c'est que les deux aînés pourront bientôt gagner quelques sous, et alors j'aurai moins de privations à supporter. Quand ils seront grands, ajouta-t-il, ils pourront aller le soir à l'école des adultes; du reste, quand on ne peut pas faire comme on veut, on fait comme on peut.

Je voudrais bien savoir ce qu'auraient répondu les partisans de l'enseignement obligatoire à ce bon père de famille.

IX

De l'Agriculture.

Je vais en parler à mon aise, puisque je suis agriculteur et horticulteur, par la grâce de Dieu.

Le premier orateur qui a jeté le cri d'alarme sur l'agriculture est M. le marquis de Boissy, l'enfant terrible du sénat, comme l'ont appelé plusieurs journaux. De même qu'au palais Bourbon, plusieurs orateurs de la chambre des députés ont plaidé cette cause avec beaucoup de talent, seulement ils ont oublié d'indiquer le principe du mal (si mal il y a), et les remèdes qu'on peut y apporter. Je vais tâcher de remplir cette lacune.

Dans mon pays, jamais l'agriculture n'a été plus prospère qu'aujourd'hui, jamais les terres n'ont été plus fertiles. On le doit à plusieurs causes, surtout à la division toujours incessante de la propriété (dans le seul canton de Bergerac, il s'est transcrit au bureau de l'enregistrement deux mille six cent cinquante-deux actes notariés dans l'année 1865; les trois quarts de ces actes ont trait à l'achat de la propriété morcelée); à sa valeur intrinsèque, qui, en augmentant chaque jour, force les propriétaires à mieux cultiver; enfin, à l'intérêt permanent que portent le gouvernement et les comices agricoles à cette source de richesse. En effet, il est notoirement prouvé aujourd'hui que la division de la propriété fait naître deux bienfaits considérables : le premier se trouve dans la plus grande augmentation de ses produits, parce que le propriétaire ne récolte pas en proportion de l'étendue de ses terres, mais bien en raison des soins qu'il leur donne. On voit souvent le possesseur de deux hectares récolter davantage que celui qui en possède quatre, quoique le terrain soit de même qualité. Et s'il n'en était pas ainsi, comment aurions-nous fait pour suffire à la nourriture quotidienne d'une population dont le chiffre a presque doublé depuis cinquante ans? Le second bienfait est considérable en raison de l'esprit du siècle. On le sait bien, l'homme aime passionnément la chaumière qu'il a payée de ses deniers; il la considère comme un petit palais lui appartenant; il se complaît chez lui, devient plus laborieux et ne voudrait pas pour tout au monde être privé de mourir dans son échoppe.

De même que l'ouvrier des villes, le campagnard s'attache au sol qu'il vient d'acquérir et l'arrose de ses sueurs dans l'espoir d'être bientôt récompensé de ses peines. Allez maintenant parler à ces nouveaux propriétaires d'autre chose que de leur travail et de ce qu'ils viennent d'acquérir honorablement, et vous verrez comme ils vous écouteront. C'est ainsi que ces deux hommes, qui auraient grossi la foule des révolutionnaires avant de rien posséder, sont aujourd'hui les plus fermes appuis de l'ordre et de la propriété.

La propriété s'est également transformée depuis quelque temps. Le voyageur qui n'avait pas passé en cet endroit depuis dix ans, ne reconnaît plus ce site, tant il a été changé par le travail d'un habile horticulteur. Des arbres magnifiques croissent à la place de la sombre bruyère, le potager qui verdoie au levant de l'habitation était un vieux bois de pins, et cette lande où végétaient naguère quelques chênes rabougris et des milliers de pieds de genièvre, s'est convertie en un superbe vignoble où les grappes de raisins mûrissent à l'envi du propriétaire satisfait.

Examinons maintenant en détail si les produits de l'agriculture sont meilleur marché ou plus chers qu'ils ne l'étaient il y a quinze ans.

A cette époque, le foin se vendait, année moyenne, 3 fr. 50 c. les cinquante kilogrammes; les deux dernières années l'ont porté à 4 fr. 50 c. La paille se vendait alors 1 fr. 50 c. les cinquante kilogrammes; le prix moyen des deux dernières années a été de 2 fr. Il y a eu une légère augmentation sur le bois à brûler, et beaucoup sur celui de construction. La viande de boucherie, le bœuf, par exemple, qui se vendait alors 1 fr. le kilogramme, vaut aujourd'hui 1 fr. 40 c.

Le prix moyen du veau depuis deux ans est de 1 fr. 20 c., tandis qu'il ne se vendait à l'époque indiquée que 1 fr. le kilogramme.

Celle du mouton la dépasse; elle se vendait en moyenne 1 fr. 20 c.; les deux dernières années l'ont élevée à 1 fr. 70 c. le kilogramme.

La viande de cochon est celle qui a subi le moins

de modification en faveur de la hausse; on peut dire qu'elle s'est presque toujours maintenue à 1 fr., 1 fr. 20 c. le kilogramme.

Le prix de la volaille a doublé depuis cette époque; les œufs ont augmenté leur prix d'un tiers.

Les haricots se sont vendus en moyenne 22 fr. l'hectolitre, tandis qu'ils n'en valaient que 18 à l'époque précitée. Les pois verts se vendent beaucoup plus cher qu'autrefois.

Les fruits et les primeurs se sont enlevés à de bons prix, depuis que les voies ferrées sillonnent la France.

Le vin s'est vendu énormément cher pendant une longue période de temps, sans que le pauvre peuple qui en a été privé ait songé à porter ses doléances au gouvernement.

Enfin, le prix moyen du blé depuis quinze ans a été de 22 fr. l'hectolitre. C'était bien la peine de crier si haut, parce que les ouvriers mangent le pain à discrétion depuis deux ans!

Maintenant que j'ai prouvé que les produits de l'agriculture étaient plus chers qu'il y a quinze ans, je dirai plus, c'est que s'ils l'étaient davantage, ils ne seraient plus en rapport avec le prix du travail. Qu'on y réfléchisse bien, et on verra que depuis bien longtemps il n'y a pas eu une balance plus égale entre le producteur et le consommateur.

Je vais dire à présent pourquoi ces produits ne sont pas en harmonie avec la valeur du sol.

Depuis quelques années, il y a eu de grandes catastrophes financières, beaucoup d'argent perdu dans de mauvaises spéculations; dès-lors, chacun a tremblé pour sa fortune et son avenir : beaucoup de rentiers ont déplacé leurs capitaux pour acheter des terres; de là est venue cette grande augmentation de la propriété rurale. Ce n'est pas tout : quand les nouveaux propriétaires ont fait le compte de leur revenu, ils se sont bien vite aperçus du taux entre l'argent placé et garanti par la propriété, ou celui hasardé dans le négoce ou autres spéculations.

Voilà la véritable cause de ces plaintes qui, d'échos en échos, sont arrivées jusqu'au pied du trône de Napoléon III, comme si le gouvernement pouvait y porter quelque remède.

Autre motif de mécontentement : les nouveaux propriétaires, ayant nivelé la valeur de la propriété des anciens, se plaignent tous aujourd'hui que la main-d'œuvre est trop chère, que les bras sont rares et que les ouvriers désertent la campagne pour venir habiter la ville.

Non, la main-d'œuvre n'est pas trop chère, puisque les ouvriers de terre ne gagnent en moyenne, de l'été à l'hiver, que 2 fr. par jour. Je crois être compétent pour juger la matière, j'occupe trois ouvriers pendant toute l'année, et je déclare loyalement que leur travail n'est pas trop cher. Ce qui devrait vous étonner, c'est qu'ils puissent se procurer tout ce qui est nécessaire aux besoins d'un ménage avec une si petite somme. Apparemment que si vos ancêtres n'avaient pas gagné davantage, vous ne seriez pas si riches.

Vous venez dire à l'Empereur que les bras sont rares, que les ouvriers désertent le travail des champs pour celui de la ville. Est-ce sa faute, lui qui les considère tant, ou la vôtre, vous qui les traitez comme des machines servant à vous procurer le bien-être? Il est pourtant en votre pouvoir d'empêcher cette émigration. Commencez d'abord par leur donner le salaire suffisant; considérez-les comme vos frères en Jésus-Christ, soyez bons et compatissants pour eux, faites que leur nourriture ne soit pas si disproportionnée à la vôtre, commandez-les paternellement, et vous verrez qu'ils s'attacheront à vous par besoin et par reconnaissance. Je connais beaucoup de propriétaires qui conservent depuis longtemps leurs métayers, leurs vignerons et leurs domestiques; quelle louange! Suivez donc l'exemple de ces bons maîtres, vous ne manquerez jamais d'ouvriers, et votre travail vous coûtera moins cher.

Nous arrivons à présent à la récrimination des impôts. Tout le monde sait que la taille foncière n'a subi qu'une légère augmentation en faveur de l'État depuis quinze ans. Voyez si les villes ont été aussi prudentes que le gouvernement.

Le conseil municipal de Bergerac, presque tout composé de grands propriétaires de terres, a depuis l'année dernière imposé tous les produits du sol qui ne l'étaient pas jusqu'alors. Depuis longtemps on payait 30 centimes de droit de plaçage pour chacune des charrettes chargées de différentes denrées; aujourd'hui, les droits ont fait plus que de doubler leur prix; on paie 10 centimes par hectolitre de chaque chargement, de sorte qu'une charrette qui porte au marché vingt hectolitres de pommes de terre ou autres produits, paie 2 fr. de droit de plaçage. Si le propriétaire ne vend pas au premier marché, comme cela arrive quelquefois, il est obligé de payer de nouveau la contribution. On paie également, pour vendre ses cochons au marché, 5 centimes par tête pour les nourrains et 10 centimes pour les gras. Or, il arrive souvent qu'on est obligé de conduire son bétail plusieurs fois au marché pour le vendre, de sorte que le pauvre métayer qui conduit vingt têtes de cette marchandise au marché est obligé de payer 1 fr. chaque fois. On paie également pour vendre sa volaille, ses œufs, ses fruits et ses légumes. Tous les produits de l'agriculture ont été frappés, le blé, le maïs, les haricots, les pois, les châtaignes, le gland, rien n'a été oublié.

Ma parole d'honneur, la France deviendra avant peu une vaste fabrique d'impôts où les hommes se creuseront la tête pour des inventions de ce genre, semblables à ceux qui perdent la raison pour avoir concentré toutes leurs pensées sur l'invention d'une nouvelle machine de guerre.

En définitive, ceux qui se plaignent, ceux qui ont crié si haut, sont les grands propriétaires de biens fonds dont le sol ne reçoit qu'une partie des soins qu'exige le travail courant de l'agriculture; au lieu de se mettre résolument à l'œuvre, en faisant de bonnes avances à la terre par l'engrais et le travail, de se tenir constamment sur leur propriété pour surveiller les travaux et faire des expériences pratiques, ils viennent demander des remèdes au gouvernement, après avoir fait une partie du mal en grevant leurs produits, comme s'il était en son pouvoir de forcer les gens à mieux faire leurs affaires particulières, et pourtant je ne connais pas de meilleurs moyens que ceux que je viens d'indiquer, à moins qu'ils ne revendent leurs propriétés pour placer leur argent ailleurs.

Un riche propriétaire à qui je communiquai ce chapitre m'objecta que beaucoup d'entre eux ne sèmeraient qu'une très petite quantité de blé s'il restait à ce prix. Et que sèmerez-vous, lui répondis-je; il est probable que vous ferez comme les autres, vous ferez cultiver ce qu'il y aura de plus productif? Or, pour faire travailler un hectare de terre et l'ensemencer en blé, il vous en coûtera de 10 à 12 fr. D'après la découverte des nouveaux instruments aratoires, il ne vous coûtera que 2 fr. ou 2 fr. 50 c. pour faire couper et dépiquer votre blé; il ne vous en coûtera rien pour le loger. Si, au contraire, vous faites planter de la vigne, comptez d'abord sur une première dépense assez ronde pour préparer vos terres, réfléchissez que vous resterez quatre ans à dépenser de l'argent pour elle, sans qu'elle vous indemnise. Plus tard, quand elle sera venue, si elle est plantée en joelle, elle vous coûtera 20 fr. par hectare pour la faire travailler. Si c'est de la vigne pleine, il vous en coûtera 60 fr. Les barriques pour loger votre vin vous coûteront 15 fr., avant peu elles vous en coûteront 20. Vous avez à compter également avec les frais de vendanges et de vinage. Vous vendrez ensuite votre vin 40 ou 50 fr., fût compris, et bientôt, peut-être, un peu moins, ce qui prouve qu'avant peu vous ferez arracher les vignes que vous avez eu le malheur de faire planter dans vos bonnes terres pour y faire semer encore du blé. Voilà la réaction que je vous annonce et qui ne manquera pas d'avoir lieu.

X

Causes de la diminution du prix du blé.

Avant d'indiquer la cause principale de la diminution du prix du blé, je veux dire quelques mots sur son importance pour la nourriture de l'homme.

Le blé, c'est le pain; le pain est l'aliment du pauvre, en France surtout, où une grande partie des ouvriers, ainsi que les soldats, mangent la soupe deux fois par jour, et où cette nourriture substantielle leur tient lieu de viande et autres mets. Il est donc très important que j'examine bien cette question, puisqu'elle tient à l'existence même de [illegible] de nous.

Puisqu'il en est ainsi, je demanderai tout d'[illegible] aux grands économistes si on doit admet[illegible] solidarité entre le travailleur et le propriétaire en tre le riche et le pauvre; ou, en d'autres termes, s'il est juste et naturel que celui qui fait tout produire puisse vivre à son tour? Eh bien, je suis ici pour prouver que si le prix du blé dépasse 20 fr. l'hectolitre, il n'est pas possible aux ménages nombreux de vivre sans privations ou sans charité.

Il est prouvé que pour nourrir une famille composée de six personnes, il lui faut quatre kilogrammes de pain pour sa nourriture quotidienne, soit 1 fr. 20 c.; 20 centimes pour la provision de bois; pour la graisse, le lard ou le beurre, 30 centimes; un litre de vin, 30 centimes; luminaire et sel, 20 centimes; pour le savon, 20 centimes; légumes, 20 centimes; vêtements, 20 centimes; loyer, 30 centimes. Total, 3 fr. 10 c. par jour, somme que ne gagnent pas les trois quarts des ouvriers de la province. On voit qu'il n'y a pas dans ce petit budget 1 centime ni pour la viande, ni pour les fruits, ni pour le lait, ni pour le café et autres choses qui sont tous les jours à la disposition du riche. Je ne compte pas non plus le temps perdu pour ne pouvoir travailler à cause de la rigueur des éléments, le repos du dimanche, les maladies et toutes les misères humaines.

Voilà pourtant la position véritable d'un nombre considérable de ménages et leur carnaval de chaque jour ! Et pourtant, aucun d'eux ne s'est plaint; ils supportent patiemment le poids du jour et les misères de la vie en élevant leurs regards vers le ciel. Pourquoi donc les grands de la terre venaient-ils se plaindre à la première tribune du monde que le blé n'était pas assez cher ? Eh bien, moi qui en avais à vendre cette année, je dis qu'il l'est assez; j'en appelle à l'Empereur, à lui qui, mieux instruit des besoins et des souffrances des classes laborieuses, sait y compatir de toute son âme.

Il était assez facile en d'autres temps de faire des choses qu'on ne pourrait plus faire aujourd'hui sans blesser la conscience publique, car du moment que vous avez donné l'instruction au peuple, il faut que vous lui accordiez satisfaction, justice d'autant plus nécessaire de nos jours, que lorsqu'on la lui aura donnée, il n'aura plus aucune raison de critiquer le gouvernement ni d'envier votre position somptueuse. Et si j'invoquais les besoins de la morale, je prouverais facilement que la gêne et les privations sont la cause de mille querelles dans les ménages, tandis que l'aisance pouvant satisfaire aux premiers besoins de la vie, entretient la paix et l'union dans un nombre considérable de familles.

Ce qu'il ne faut pas non plus perdre de vue dans cette question si vitale pour les masses, c'est qu'à côté d'un producteur de froment, il y a cinquante consommateurs, et que sur ceux qui récoltent le blé, il y en a les trois quarts qui n'en cueillent que leur provision, ce qui prouve que ceux qui ont fait entendre leurs plaintes sont en petit nombre, et que le petit nombre a mille fois le superflu pour les besoins de la vie.

Je ne puis me rappeler sans tristesse ces années de disette où les riches étaient obligés de faire d'abondantes aumônes pour retenir dans son antre ce redoutable loup que la faim rend intraitable. Je me souviendrai toujours de cette époque malheureuse où la commune de Bergerac était obligée de s'imposer extraordinairement pour faire venir des blés du midi pour les céder ensuite à un prix raisonnable, et par ce moyen empêcher la famine d'exercer ses ravages.

Ces raisons sont assez fortes, ce me semble, pour que je puisse faire un appel à tous les cœurs généreux et leur dire s'il ne vaut pas mieux que les ouvriers puissent se suffire par le revenu de leur travail, que d'être obligé de leur faire des aumônes qui ne sont plus en rapport avec l'esprit du temps, et que bien souvent ils repoussent avec dédain.

Maintenant que j'ai plaidé cette cause sans autre talent que les sentiments de mon cœur, je vais faire connaître celles qui ont produit la diminution du prix du blé.

D'abord l'abondante récolte de 1864 a amené subitement la baisse, qui s'est maintenue à l'aide de celle de 1865, qui fut une bonne moyenne; mais la hausse serait revenue depuis longtemps sans la mesure que je vais dire.

L'abolition des droits protectionnistes a porté un coup mortel à l'agiotage et à l'accaparement des grains; elle a tué le commerce intérieur, qui ne manquait jamais d'exploiter les années de mauvaises récoltes. Cinquante marchands de blé au moins dans le canton de Bergerac (et sans doute par toute la France) commençaient par acheter le blé 20 fr. l'hectolitre; un mois après, il en valait 25, et insensiblement il s'élevait à 28 fr. et quelquefois jusqu'à 30. Toute cette quantité de blé était emmagasinée et revendue ensuite au fur et à mesure de l'augmentation. Quand le prix devenait trop élevé, le gouvernement se hâtait de rapporter pour un temps la loi sur les droits d'entrée; mais pour arriver à ce résultat, il fallait convoquer les chambres, ce qui prenait au moins trois mois pour régulariser la chose. Après cela, les grands négociants, le haut commerce, celui qui ne spécule jamais sur la faim du pauvre, prenait ses mesures pour faire venir des grains; mais il fallait encore quatre mois pour réaliser cette entreprise, de sorte que trois mois pour le gouvernement, quatre mois aux négociants, font bien sept mois, longue période de souffrance pour le peuple, et temps plus que suffisant pour faire le profit des spéculateurs.

Je dirai en terminant aux honorables députés qui ont traité cette question, sans indiquer au juste la véritable cause de la baisse, je leur dirai : Si vous aviez eu le malheur de vous trouver à notre place pendant les mauvaises années que nous avons supportées, vous auriez sans doute remarqué toutes les manœuvres du commerce intérieur, ce honteux trafic qui faisait augmenter si vite le prix de ce grain précieux.

Honneur donc au gouvernement, gloire et longue vie à l'illustre Empereur qui vient généreusement nous donner les réformes nécessaires! Aujourd'hui l'épée de Damoclès est suspendue sur la tête des accapareurs. Si les apparences de la récolte sont mauvaises, le grand commerce est là avec ses bras de géant pour faire venir le blé; la même faculté lui est accordée pour porter à des frères malheureux le superflu de nos récoltes. Voilà de la politique généreuse et humanitaire, celle qui grandit la nation qui vient de la mettre en pratique, et qui fait bénir le souverain qui la fait prévaloir.

XI

Pouvoir temporel du Pape.

Si c'était ici le lieu et que j'eusse le savoir d'écrire tout ce que je sens dans mon cœur au sujet des beautés de la religion chrétienne, des jouissances qu'elle donne à ceux qui la pratiquent sincèrement et de son utilité pour tous les malheureux, comme je me délecterais! Mais je n'ai ici qu'à faire connaître l'opinion publique sur le pouvoir temporel du Pape.

Cette question a été examinée par de grands savants, discutée et soutenue par des journaux intéressés au succès ou à l'insuccès de cette cause fameuse; ils en ont même fait une question de vie ou de mort pour le catholicisme. Quel étrange aveuglement de faire dépendre la durée de la religion chrétienne de la possession de telles ou telles provinces! C'était bien la peine de troubler le monde entier pour la conservation d'une motte de terre, comme disait le père Ventura.

Aujourd'hui que les passions sont un peu calmées, je vais tâcher de généraliser l'opinion des religionnaires. Commençons d'abord par le clergé, qui est fort instruit, d'une conduite généralement édifiante, très compatissant au malheur, et véritablement plein de foi, mais préférant la suprématie à la grandeur du catholicisme, qu'il néglige trop de ramener à sa simplicité primitive. Ayant peut-être trop de regret pour les choses du passé, et ne voulant pas se mettre résolument à la tête de la société pour la diriger dans le bien et en tirer le meilleur parti, sa conduite dans cette crise politique et religieuse a été conséquente. En soutenant le pouvoir temporel, il a cru défendre l'indépendance du souverain Pontife et sa liberté d'action sur la société chrétienne. Il a bien fait, puisqu'il était convaincu; mais tout le monde ne l'était pas; je vais en dire les raisons tout à l'heure.

Viennent ensuite les grands qui ont tenu plus ou moins au gouvernement de nos anciens rois, les nobles enfin, et j'atteste qu'ils le sont dans mon pays dans toute la force du terme. Simples et grands tout à la fois, toujours généreux, charitables et populaires, bien différents en cela des nouveaux parvenus qui marchent sur les pieds de leurs anciens amis sans les voir et qui oublient trop vite ce qu'ils ont été et ce qu'ils peuvent devenir. Vous devinez que les nobles tiennent naturellement au pouvoir temporel. Derrière eux se trouvent quelques propriétaires et plusieurs écrivains qui ont pris le même parti; c'est très bien, puisqu'ils étaient persuadés; malheureusement une foule considérable de gens de toutes les classes de la société ne le sont pas encore; peut-être la lumière se fera pour eux.

Arrive à présent une catégorie de personnes très nombreuses qui ne sait pas trop ce que le pouvoir temporel peut avoir d'utile ou de nuisible à la religion, je veux parler d'une partie des ouvriers des villes, et en général des populations de la campagne. Ce peuple, si simple et si sensé tout à la fois, qui s'attache à son curé parce qu'il est bon, simple et populaire, qui aime tant sa religion, parce qu'il sait que notre Seigneur Jésus-Christ et ses apôtres allaient pieds nus comme lui, et parce qu'enfin il lit dans l'Évangile que bienheureux seront les pauvres et ceux qui souffrent pour la justice, et que celui qui veut être le plus grand ici-bas doit être toujours le serviteur des autres. Allez donc persuader à cette partie de la population, qui possède un grand sens, qu'il faut que le successeur des apôtres soit roi sur la terre pour pouvoir exercer librement les fonctions de son saint ministère, lui qui voit chaque jour dans son catéchisme que notre Seigneur J.-C. est né à Bethléem dans une étable pour nous apprendre l'humilité. Cette prescription, qui est formelle pour les fidèles, ne l'est peut-être pas pour le clergé. Pourtant les paroles que prononça le divin Maître avant de mourir : « Mon royaume n'est pas de ce monde, » ne sont pas de nature à faire envier la royauté à certaines personnes.

Vient ensuite la catégorie la plus nombreuse : ce sont les personnes plus ou moins instruites de toutes les classes de la société, des catholiques de cœur et par raison prêts à donner leur vie pour la défense de la religion, et à faire de grands sacrifices pour les besoins du souverain Pontife (non pas pour solder ses troupes), alors qu'affranchi des embarras de la politique et conséquemment indépendant de tous les souverains, il pourra se livrer tout entier à relever la grandeur du catholicisme en Orient, et à réunir dans le même bercail toutes les communions dissidentes qui n'attendent pour cela qu'un moment favorable.

Voilà la plus belle, la plus noble tâche qu'il soit donné à un grand Pape de réaliser, et il ne le pourra jamais tant qu'il aura sur sa tête ce lourd fardeau qu'on nomme la triple couronne.

En définitive, est-ce à nous, catholiques sincères, à qui on peut faire croire que pour que le pouvoir spirituel du père commun des fidèles soit fort, il faut qu'il possède des provinces et qu'il les gouverne? Le pontificat de Jean XXII est là pour prouver le contraire. Ce grand Pape, qui dut faire face à tant d'ennemis, soit en Italie, soit en France, eut également à combattre le fameux schisme des Albigeois. Enfermé dans son palais d'Avignon, il tint tête à l'orage, sut vaincre toutes les difficultés nées du mauvais esprit de cette époque, sans employer d'autres moyens que sa force morale.

Nous allons examiner maintenant si de nos jours le souverain Pontife trouverait cette même force morale sans son pouvoir temporel. Voici un fait qui prouve jusqu'à l'évidence que la racine du catholicisme n'est point dans la force matérielle ni dans les vaines grandeurs de ce monde (1).

Après la mort de Mgr George Massonnais, l'Empereur, dans sa constante sollicitude pour les intérêts de la religion, nomma pour lui succéder à l'évêché de Périgueux et de Sarlat, Mgr Baudry, d'heureuse mémoire. Personne, que je sache, dans le diocèse, ne connaissait cet éminent prélat; il venait parmi nous sans fortune, sans escorte, avec sa douceur évangélique et son bâton pastoral. En arrivant à Périgueux, il prit possession d'une modeste maison qu'on nomme palais épiscopal, en même temps qu'il prenait possession de nos cœurs. Sa première tournée pastorale fut un véritable triomphe pour la religion : jamais aucun monarque n'a reçu de plus grandes ni de plus sincères ovations. Il arriva dans sa bonne ville de Bergerac, comme il l'appelait, au moment où tombait une pluie diluvienne, ce qui n'avait pas empêché toutes ses

(1) La puissance du christianisme est dans la cabane du pauvre, et sa base est aussi durable que la misère de l'homme, sur laquelle elle est appuyée. CHATEAUBRIAND.)

ouailles d'aller à sa rencontre et de se livrer à tous les transports de la joie la plus vive.

Après le décès de cet excellent évêque, Mgr Dabert prit l'héritage que lui avait laissé son digne prédécesseur. Les fêtes recommencèrent alors plus belles, plus splendides que la première fois. Quand il vint nous visiter, la population se leva spontanément comme un seul homme, pour lui rendre hommage. Les rues de la ville s'étaient transformées en magnifiques allées de verdure, des couronnes de mille formes et de mille couleurs se balançaient mollement au gré de la brise. Sur le premier arc-de-triomphe érigé en son honneur, on lisait ces simples mots : *Béni soit celui qui vient au nom du Seigneur*, mots sublimes qui feront toujours aimer celui pour qui elles sont écrites, et qui donnent une si grande idée des beautés de la religion chrétienne.

Voilà ce que nous faisons aujourd'hui pour nos bien-aimés évêques. Qu'on se figure maintenant ce que nous ferions pour le père commun de tous les fidèles, si un jour, à l'exemple du divin Maître, il daignait visiter les provinces catholiques, et que, débarrassé de cette puissance temporelle qui lui suscite tant d'ennemis et qui devient chaque jour un grand obstacle au développement du catholicisme, il voulût bien y renoncer librement.

Tout le monde sait que l'honorable et savant M. Guizot a défendu le pouvoir temporel des Papes. J'aime et j'estime beaucoup les protestants; mais je ne peux pas avoir de confiance dans les réformateurs qui soutiennent cette thèse; je préfère m'en rapporter à l'immortel auteur du *Génie du Christianisme*. Voici comment M. de Châteaubriand s'exprime à ce sujet :

« Avant d'entrer dans l'analyse raisonnée des rè-
» gnes de la troisième race, je montre quelle était
» la communauté chrétienne et quelle était la cons-
» titution de l'Église chrétienne, deux choses dif-
» férentes l'une de l'autre. Je prouve que l'Église
» chrétienne était une monarchie élective, repré-
» sentative, républicaine, fondée sur le principe
» de la plus complète égalité; que l'immense majo-
» rité des biens de l'Église appartenait à la partie
» plébéïenne des nations; qu'une abbaye n'était
» qu'une maison romaine; que le Pape, souvent
» tiré des dernières classes sociales, était le tribun
» et le mandataire de la liberté des hommes; que

» c'était en cette qualité d'unique représentant » d'une vérité politique opprimée qu'il avait mis- » sion et qualité de juger et de déposséder les rois. » Je dis qu'à cette époque où le peuple disparut, le » peuple se fit prêtre et conserva sous ce déguise- » ment l'usage et la souveraineté de ses droits : » c'est l'ère politique du christianisme. Le christia- » nisme dut entrer dans l'État et s'emparer du pou- » voir temporel lorsque toutes les lumières furent » concentrées dans le clergé. La liberté est chré- » tienne.

» On voit par cet exposé comment mes idées sur » le christianisme diffèrent de celles de M. le comte » de Maistre et de celles de M. l'abbé Lamennais; le » premier veut réduire les peuples à une commune » servitude, elle-même dominée par une théocra- » tie; le second me semble appeler les peuples (sauf » erreur de ma part) à une indépendance générale » sous la même domination théocratique. Ainsi que » mon illustre compatriote, je demande l'affran- » chissement des hommes, je demande encore, » ainsi qu'il le fait, l'émancipation du clergé, on le » verra dans ces études; mais je ne crois pas que » la papauté doive être une espèce de pouvoir dicta-

» torial planant sur de futures républiques. Selon » moi, le christianisme devient politique au moyen-» âge par une nécessité rigoureuse : quand les na-» tions eurent perdu leurs droits, la religion, qui » seule alors était éclairée et puissante, en devint » la dépositaire. Aujourd'hui que les peuples les re-» prennent, ces droits, la papauté abdiquera natu-» rellement les fonctions temporelles, résignera la » tutèle de son grand pupille arrivé à l'âge de ma-» jorité, déposant l'autorité politique dont il fut » justement investi dans les jours d'oppression et » de barbarie. Le clergé rentrera dans les voies de » la primitive Église, alors qu'il avait à combattre » la fausse religion, la fausse morale et les fausses » doctrines philosophiques. Je pense que l'âge poli-» tique du christianisme finit, que son âge philoso-» phique commence, que la papauté ne sera plus » que la source pure où se conservera le principe » de la foi prise dans le sens le plus rationnel et le » plus étendu. L'unité catholique sera personnifiée » dans un chef vénérable représentant lui-même le » Christ, c'est-à-dire les vérités de la nature de » Dieu et de la nature de l'homme. Que le souve-» rain Pontife soit à jamais le conservateur de ces

» vérités auprès des reliques de saint Pierre et de » saint Paul! Laissons dans la Rome chrétienne » tout un peuple tomber à genoux sous les mains » d'un vieillard. Y a-t-il rien qui aille mieux à tant » de ruines? Le Pape est le seul prince qui bénisse » ses sujets. »

(*Préface des Études historiques.* — Pages 47 et 48. — Édition de 1855.)

XII

De la Liberté de la Presse.

> On réclama hautement la liberté d'écrire et de publier ses pensées par la voie de l'impression; et la liberté illimitée de penser et d'écrire devint un axiome du droit public de l'Europe, un article fondamental de toutes les constitutions, un principe, enfin, de l'ordre social.
>
> (Vte DE BONALD, *séance des députés, 28 janvier 1817.*)

Je l'ai déjà dit en écrivant le chapitre sur l'instruction, le peuple, en général, ne porte presque point d'intérêt aux questions morales et intellectuelles; il n'est pas assez instruit, et le temps lui manque pour qu'il puisse prendre goût au développement de ces saines institutions. Il y a cependant de nombreuses exceptions. Tous ceux qui lisent les journaux et qui connaissent l'histoire de leur pays, reconnaissent que la pensée de l'homme est indépendante de la force brutale, et que chaque citoyen doit avoir le droit de la faire imprimer pour la faire tourner à l'avantage de tous. De ce principe incontestable découle la liberté de la presse, cette grande conquête de l'esprit humain, qui fait tant de peur à quelques gouvernements de l'Europe, qui devraient pourtant s'apprêter à la recevoir, car elle viendra s'établir chez eux malgré tous les cordons de troupes qu'ils peuvent échelonner sur leurs frontières pour l'empêcher d'arriver, comme elle est venue bien souvent jusqu'aux oreilles des rois, malgré la défense qu'ils en avaient faite.

« Ventre saint-gris, disait Henri IV à ses courtisans, qui parlaient contre l'auteur de *l'Ile des Hermaphrodites*, avez-vous compté que je molesterais un homme d'esprit pour vous avoir dit vos vérités? Il n'en sera pas ainsi. » La liberté de la presse exista en France de 1789 à 1792. Elle était d'autant plus nécessaire qu'il y avait alors une foule d'abus qui n'étaient plus dans nos mœurs et qu'il fallait faire disparaître, de nouvelles lois à faire; tout était à créer. Il était donc urgent que la grande voix de la nation se fît entendre, il était nécessaire que chaque citoyen éclairé formulât son opinion sur la nouvelle constitution dont on allait doter la France. Malheureusement la licence ne tarda guère à se mêler à la liberté; des écrivassiers, des folliculaires, commencèrent par saper tous les principes sur lesquels repose la société. Rien ne fut sacré pour eux, ni la vie privée des citoyens, ni les nœuds sacrés de la famille, ni la religion, ni ses dignes ministres : rien ne fut épargné. La vertu fut tournée en dérision, la probité fut appelée faiblesse, tandis que tous les vices étaient divinisés. Ces monstres, revenus en enfer d'où ils étaient sortis, ne furent contents que lorsqu'ils eurent inondé de sang le sol de la patrie. Il est juste de dire qu'à cette époque, comme toujours, il y avait des écrivains savants et patriotes qui défendaient les saines doctrines au péril de leur vie, mais leur faible voix se perdait au milieu de plus de cent journaux qui faisaient à qui mieux mieux pour démolir le grand édifice.

Voilà la véritable cause qui a fait reculer tous les gouvernements qui se sont succédé depuis cette époque pour nous accorder la plus précieuse de nos libertés.

Napoléon Ier, dont le bras puissant avait remué le monde, pouvait sans crainte enrichir le domaine public de la liberté et de la gloire; s'il eût donné à la nation la liberté avec la gloire, il n'aurait pas perdu la sienne sur son dernier champ de bataille.

La Restauration, qui avait donné la Charte, devait nécessairement donner la liberté. Pressée qu'elle était par les partisans de l'ancien régime de revenir vers le passé et l'opinion du pays, qui la poussait toujours en avant, elle céda à la force des choses en accordant parfois la liberté, mais toujours avec des restrictions; la presse fut obligée de subir la censure et autres ordonnances. On peut donc dire en toute vérité qu'elle n'exista réellement que sous le ministère de M. de Châteaubriand. Ce grand homme fit la guerre d'Espagne malgré l'opposition, en présence de plusieurs partis irrités, et termina glorieusement cette campagne, qui fut entreprise pour faire revivre notre armée, grandir notre influence, et non pour soutenir les intérêts du roi d'Espagne.

On sait comment les Bourbons le récompensèrent.

La monarchie de Juillet oublia bien vite son origine populaire. Quand elle eut sacrifié la sympathie des peuples, il ne lui resta plus aucun allié. Elle aurait pu vivre par la gloire et par la liberté de la presse; elle ne fut pas assez courageuse pour secourir les peuples qui l'imploraient, et n'eut pas assez de force et de savoir pour diriger l'esprit libéral qui, à cette époque, sortait par tous les pores de la nation avec toute l'énergie de la sève française. Ce fut en vain que Casimir Périer voulut arrêter le torrent avec la barre de son puissant génie, il succomba à la tâche, et ses successeurs, moins heureux que lui, furent obligés de réprimer les émeutes et de s'abriter sous les lois de septembre. Il est certain que les inconséquences et les tergiversations conduisirent les membres du gouvernement dans l'exil.

Le gouvernement de 1848 nous donna la liberté de la presse, et commença lui-même par en abuser étrangement. Les circulaires de M. Ledru-Rollin jetèrent l'épouvante chez les hommes timorés, qui se croyaient encore à la veille d'un nouveau 93. Au lieu de montrer la modération dans ses écrits, il rédigeait dans un style menaçant ses discours révolutionnaires. Cet homme d'état avait oublié sans doute que l'exemple qui vient de si haut ne manque jamais d'imitateurs, et que l'on est bien vite débordé quand on avance trop précipitamment sur le terrain glissant de la liberté. Sans égard pour les hommes du passé, sans considération pour les choses du présent, il compromit bientôt le sort de cette jeune République, qui était venue au monde sous de si heureux auspices, et qui allait mourir bientôt sous la réaction des partis contraires.

Ce fut dans ces circonstances qu'un prince doué de grandes qualités se présenta devant le pays pour recueillir l'héritage que lui avait laissé son oncle. Il le reçut des mains de la nation, qui le lui remit d'une manière solennelle, en l'investissant du suprême pouvoir par cinq millions de suffrages. Ce fut alors que du haut du trône où le peuple venait de le placer, il vit dans la rue la liberté aux prises avec l'anarchie. Soudain il prit cette déesse, l'emporta chez lui, la serra dans son cœur, pour nous la rendre le jour où nous en serons dignes. Que la sagesse descende au milieu de nous, et que sa volonté soit faite!

Mais toujours est-il que la liberté de la presse est inévitable dans le fait; c'est en combattant cette liberté qu'on lui donne un ressort plus étendu. Confidente de l'homme de bien, trompette du génie, vengeresse des opprimés, officieuse informatrice des actes des hommes en charge, elle a de grands défauts, mais elle n'en est pas moins faite pour combattre les abus et renouveler les idées du genre humain.

XIII

Le Budget.

Le plus grand anachronisme des temps modernes, la plus grande erreur des hommes d'état d'aujourd'hui, c'est d'avoir dit que pour qu'une nation soit prospère, il faut qu'elle ait un budget colossal, afin qu'elle puisse se faire représenter partout avec magnificence.

Assurément, les hommes qui parlent ainsi n'ont jamais manqué de rien. Louis XI, le vénérable Sully, le grand Colbert et des millions de travailleurs pensent tout le contraire; la raison, c'est que les grands ministres que je viens de citer étaient économes, et que les ouvriers sont obligés de supporter bien des privations pour remplir leurs devoirs envers l'Etat.

Il est certain que sur la terre tout est relatif; on peut donc, sans brusquer la raison, comparer le gouvernement à un père de famille. Or, je vois chaque jour prodiguer des éloges à celui qui par son travail, la bonne gestion de ses affaires et son économie, se fait une position honorable dans le monde. On le porte aux nues quand il couronne son œuvre en prodiguant à ses enfants la même sollicitude, en partageant entre eux les travaux de la communauté selon leur force et leur intelligence, et qu'avant de mourir, il les dote tous selon la justice dans le partage de son bien.

Pourquoi donc le gouvernement ne chercherait-il pas à imiter ce père de famille qui prodigue les mêmes soins à tous ses enfants? Pourquoi donnerait-il toutes les jouissances à quelques-uns et beaucoup trop de travail aux autres? Pourquoi le sénateur, possédant déjà une grande fortune, est-il si largement rétribué pour remplir des fonctions si honorables? Pourquoi tous ces grands fonctionnaires sont-ils payés si cher pour veiller à certains travaux d'administration? Pourquoi tous ces prélats, presque tous enfants du peuple, reçoivent-ils des traitements énormes qui peuvent leur servir à étaler un luxe qui ne pourra jamais s'harmoniser avec la pau vreté du divin Maître, qui n'avait pour habit qu'un simple tunique et pour équipage une pauvre ânes pour le porter triomphalement dans Jérusalem Tout cela n'est pas juste, quand on voit un nombr considérable de pauvres instituteurs qui se d vouent toute leur vie pour élever nos enfants, r recevoir qu'une rétribution qui en moyenne r s'élève pas à la somme de huit cents francs par a sans compter une foule d'autres employés qui r sont pas mieux payés et qui font chaque jour travail de leurs maîtres.

Pourquoi ces grands fonctionnaires rétribués largement ne montreraient-ils pas le même désint ressement que ces quarante mille maires, qui dévouent au service de la nation et du gouvern ment sans aucune espèce de rétribution? On n dira que les hommes investis de la confiance l'Empereur et qui dirigent les affaires du pa doivent être payés en conséquence. Cela serait jus s'ils en faisaient un métier; mais, lorsqu'il s'a d'hommes si honorables dont la première ver doit être la fidélité au souverain, l'abnégation et désintéressement, qualités éminentes de tous l hommes en charge. Est-ce que le peuple ne se dévoue pas continuellement au bien public? est-ce que chaque jour n'est pas pour lui un jour de sacrifice? Oui, il se dévoue avec ardeur aux grands intérêts de la patrie, mais il ne faut jamais lui demander l'impossible; il y a des arbres qui périssent à force de porter des fruits, comme il y a des vertus au-dessus de la foule.

Les esprits faux et dissipateurs prétendent que la France est une éponge qu'on peut presser continuellement, comme si on n'avait pas vu le soleil tarir les rivières, en commençant toujours par les bords qui, dans l'allégorie, représentent le peuple, tandis que les riches le sont par les endroits profonds. — Je vais examiner ce que nous avons gagné à changer de maître pour obtenir la diminution des impôts et la réduction des gros traitements; je ferai observer toutefois que le monarque qui succède à l'autre est obligé de reconnaître les dettes de son prédécesseur, qui sont devenues de fait les dettes de l'Etat. La leçon que nous pourrons tirer de ces comparaisons pourra nous être profitable.

Le budget du premier Empire (1808), s'élevait à la somme de 772,744,445 fr.

Le budget de la Restauration (1816), montait à la somme de 871,254,940 francs.

Celui de Louis-Philippe (1832), montait au chiffre fabuleux de 1,129,934,290 francs.

Enfin, celui de l'année 1866 atteint le chiffre de 1,848,052,290 francs!

Quand je pense que le peuple a fait trois révolutions pour faire diminuer ses charges et qu'elles n'ont fait qu'augmenter, mon cœur se brise! Je me rappelle cette comparaison qui me fut faite par un homme d'esprit : « Mon cher, me dit-il, le peuple, » en temps de révolution, peut être comparé à un » cheval échappé de son écurie et que la liberté » rend fougueux. Il est superbe dans son allure et » dans sa course vagabonde; mais il casse et détruit » parfois bien des choses. Pour le rattraper, on lui » présente un peu d'avoine en le cajolant; mais en- » suite, quand on le tient et qu'on l'a attaché soli- » dement, on vous le sangle d'importance. » Voilà bien le miroir de la vérité.

Le temps est donc venu où il doit employer la raison au lieu de la violence pour obtenir justice.

Nous ne devons nous appuyer aujourd'hui que sur notre force morale, qui est immense avec le concours du suffrage universel, et sur l'Empereur, qui sera toujours disposé à protéger nos intérêts quand il verra qu'ils sont compromis; alors les ouvriers reconnaissants le nommeront avec amour le *père du peuple.*

Je le répète encore, si les grands connaissaient l'attachement des classes laborieuses pour ses bienfaiteurs, il me semble qu'ils rechercheraient passionnément cette véritable popularité que font naître le dévouement et la bienfaisance.

Il n'est pas un ouvrier qui ignore que le grand Colbert fit bâtir dans le palais des Tuileries un grand nombre de fours pour la cuisson du pain, afin que le gouvernement pût le faire distribuer ensuite à des milliers de malheureux ouvriers qui seraient morts de faim dans une année de famine.

Nos pères nous ont appris à prononcer avec vénération et respect le nom si populaire du bon roi Henri et de son immortel ministre, le bien-aimé Sully. On ne sait pas lequel des deux était le plus simple dans leurs usages. C'est ainsi que ce grand homme pratiquait l'économie en toutes choses; aussi bien il paya les dettes de l'État, qui étaient alors considérables, et mit une grande somme d'argent en réserve en cas d'éventualité. A l'avènement au trône de Louis XIII, il se retira de la cour; mais les dissipateurs ayant remis les finances dans un état déplorable, on fut obligé d'avoir encore recours au savant ministre. Arrivé devant le roi, il prononça ces paroles qui sont la condamnation des prodigues et la honte des faux courtisans : « Sire, » dit-il, quand Mgr votre père, de glorieuse mé- » moire, me faisait l'honneur de m'appeler auprès » de lui pour parler des affaires d'État, il chassait » les bouffons et les baladins. » Le roi, se retournant vers son entourage, leur dit : « Sortez, Mes- » sieurs. »

Que le bon Dieu veuille nous donner un nouveau Sully ou un Colbert pour administrer nos finances!

XIV

Des Impôts.

A vingt ans l'homme est obligé de payer une cote personnelle, bientôt après une cote mobilière; s'il est propriétaire, il faudra qu'il paie pour son champ, pour sa maison, pour son chien, pour ses journées de prestations, pour exercer son industrie, pour vendre ses produits, pour aller à la chasse, à la pêche; je n'en finirais pas.

> Les créanciers et la corvée,
> Lui font d'un malheureux la peinture achevée.

Il faut des impôts au gouvernement (qui parle souvent de ses besoins et jamais des nôtres) pour protéger nos intérêts, pour faire faire tous les grands travaux d'utilité publique, pour l'entretien de la marine, pour payer les soldats et les nourrir, les employés de toute sorte; seulement, il y en a qui sont bien impopulaires, bien durs à supporter, et qui pourraient facilement se transformer : ce sont ceux dont je vais parler.

Commençons d'abord par les octrois. Il n'est pas au monde un impôt qui se perçoive plus injustement, et dont l'assiette soit plus difficile à établir; ce qu'il y a de certain, c'est qu'il retombe le plus souvent sur l'ouvrier des villes; les riches qui habitent une grande partie de l'année leurs maisons de campagne, peuvent se soustraire ainsi à cette rude charge; je puis m'exprimer ainsi, car je ne trouve rien de plus despotique que de voir fouiller sa voiture, sa charrette, ses malles, ses paniers, et jusqu'à ses habillements. En vérité, il faut que l'homme soit bien simple pour s'être créé de pareilles entraves et des moyens si barbares pour faire contribuer l'argent nécessaire aux dépenses publiques, comme s'il n'y avait pas de moyens plus convenables et moins dispendieux. Bien souvent on ne déteste les impôts que par la manière dont ils se perçoivent. Aujourd'hui surtout, où on voit les gens fuir le travail honorable pour se jeter dans toutes sortes de spéculations, il n'est pas rare de voir des hommes faire renchérir la ferme des octrois, et quand ils sont adjudicataires, ils sont obligés, pour faire leur profit, de presser le tarif jusqu'à en faire sortir le despotisme le plus révoltant. On a vu de nos jours, entre fermiers et contribuables, les procès se succéder avec une rapidité effrayante, pour mille causes litigieuses. Quand l'autorité municipale tient elle-même son octroi en régie, et que les employés font un procès-verbal qui ne prouve pas assez la fraude, le maire alors, qui a conservé toute sa liberté d'action, peut facilement aplanir les difficultés qui s'élèvent chaque jour entre les employés et les contribuables; mais il n'en est pas de même avec les fermiers, qui ne sauraient en aucune raison se dessaisir de leurs droits et de leurs prises. Ce n'est pas tout : pour augmenter le mal, il vient de se former plusieurs compagnies pour l'exploitation des octrois comme pour les mines du Potose! Honneur donc aux honorables députés qui ont demandé l'abolition de ces pénibles et détestables entraves. Sans doute, le gouvernement de l'Empereur, qui a déjà aboli les priviléges de la liberté commerciale, ne tardera pas à nous accorder cette grande satisfaction que déjà deux monarques ont donnée à leur peuple.

Tout le monde sait qu'il faut de l'argent pour subvenir aux charges de la commune, mais il ne faut pas imiter les villes qui se ruinent pour leurs embellissements. Le temps est passé où on bâtissait les châteaux des seigneurs avec du mortier trempé des larmes du peuple ; aujourd'hui le souverain le plus heureux et le maire le plus satisfait, sont ceux qui voient le contentement se promener de maison en maison pour venir ensuite se reposer dans le cœur de ces hommes sublimes. Il est d'ailleurs si facile de remplacer ce détestable impôt, qu'il n'y aurait qu'à froisser quelques intérêts dont les possesseurs sont souvent millionnaires.

Abolir les compagnies d'assurances contre l'incendie, les indemniser si cela était juste, faire une loi qui créerait chaque commune compagnie d'assurances ; le maire en serait le président et un certain nombre de conseillers municipaux les directeurs ; le receveur municipal percevrait le montant des primes, comme le reste des impôts.

Chaque maison devrait être assurée sans exception, ceux qui n'en possèderaient pas paieraient pour leurs meubles en raison de la valeur locative de leur habitation; on ne rembourserait d'argent au sinistré que lorsqu'il aurait employé l'indemnité qu'on lui allouerait à reconstruire sa maison, sauf à lui à y apporter tous les changements qu'il jugerait convenables. Si un jour cette théorie venait à prévaloir, on verrait bien peu de maisons devenir la proie des flammes, et quand par hasard cela arriverait, la commune toute entière serait là pour éteindre le feu, chacun étant devenu par ce fait solidaire l'un de l'autre.

Seraient exceptés de l'impôt les pauvres indigents, par la raison que ceux qui n'ont rien ne peuvent rien donner. Voilà une mesure populaire qui serait reçue par acclamation, parce que d'abord elle garantirait nos maisons et nos meubles, et qu'elle ferait disparaître la plus détestable de toutes les entraves, sans qu'il en coûtât davantage à chacun de nous.

Or, il est à peu près certain, par les calculs que j'ai faits et les renseignements que j'ai recueillis, que presque toutes les communes dont le chiffre de la population ne dépasse pas dix mille âmes, auraient des fonds suffisants pour l'entretien des travaux publics et leurs besoins journaliers. Cela n'étonnera personne, quand on saura que l'argent placé dans les compagnies d'assurances porte quarante pour cent d'intérêt. On m'a assuré que M. le comte de Lapanouze, qui a un million placé sur ces compagnies, se fait chaque année un revenu net de quatre cent mille francs, et notez bien qu'avec les mesures que je viens d'indiquer plus haut, cet impôt rapporterait le double. Quant aux grandes villes, elles pourraient peut-être ne pas trouver dans cette ressource tout l'argent nécessaire à déployer ce luxe effrayant qui fait trembler pour l'avenir; mais avec quelques centimes additionnels, elles feraient aisément le reste.

Parlons maintenant des droits-réunis; sans faire l'apologie de la mesure qui frappe de quinze pour cent les boissons qui se débitent au détail, ou qui se boivent dans les auberges et cafés, je dirai qu'elle a son bon côté moral, parce qu'elle parviendra à dégoûter une grande partie des ouvriers de fréquenter ces lieux qui deviennent souvent la cause de mille querelles dans les ménages, et de bien des privations pour leur famille.

La faculté de vendre le vin par vingt-cinq litres sans augmentation de droits, permet aux débitants qui font ce commerce de vendre le vin meilleur marché, en même temps qu'elle procure aux ouvriers l'avantage d'avoir toujours chez eux du vin potable à un prix modéré. Mais ce qui n'est pas juste, c'est de faire payer les mêmes droits pour une barrique de piquette que pour une pièce de vin de Bordeaux; c'est en vain qu'on viendra me dire qu'il faudrait établir des catégories comme on l'a déjà fait. Non, la piquette ne sera jamais que de l'eau jetée sur le marc de la vendange; elle n'a d'ailleurs ni la couleur du vin, ni la centième partie de son alcool; il n'y a donc rien au monde de plus facile à trancher que cette question. Sans ce droit, qui équivaut à la valeur du liquide, les propriétaires pourraient en faire beaucoup, et en vendre pour des sommes assez rondes, et les ouvriers de nos villes trouveraient dans cette boisson aussi agréable à boire que salutaire à la santé, un aliment considérable comme rafraîchissement pour l'été; elle remplacerait l'eau, qui produit dans beaucoup d'endroits une foule de fièvres intermittentes et beaucoup d'autres maladies.

Avant de terminer ce chapitre, je veux faire la comparaison de l'impôt foncier et celui qui pèse sur l'industrie. Il est entendu que les propriétaires de terres se plaignent de l'augmentation; cependant, si on les compare à ce qu'ils étaient il y a quinze ans, on verra qu'ils n'ont subi qu'une légère modification en faveur de l'Etat, et qu'ils sont plus en rapport avec le revenu des terres que ceux qui frappent les petites industries, et qu'en définitive un propriétaire qui vient à éprouver des désastres, est toujours dégrevé par le gouvernement, tandis que les impôts industriels ne le sont jamais. Il est pourtant bien vrai qu'en imposant l'industrie, bien souvent on impose ce qui n'existe pas : le travail qui n'est pas fait n'existe pas, le marchand qui attend les ventes ne les a pas faites, et cependant ils sont imposés d'avance tous les deux, ce qui prouve qu'il est très difficile d'établir cet impôt sur un revenu assuré. Voilà pourquoi il se fait un nombre considérable de faillites presque toujours causées par la cherté des loyers et par le prix toujours croissant de chaque patente.

Je suis propriétaire de biens-fonds, je paie plus de cent cinquante francs pour ma propriété, mais la justice et la raison me font un devoir de parler contre mes intérêts.

XV

Les Députés représentent-ils l'Opinion du Pays? Examinons cette question.

M. Thiers, dans l'exorde de son discours sur les affaires intérieures et extérieures du pays, s'exprime de la sorte :

« On ne saurait mieux choisir le moment d'un
» tel examen; séparés depuis plusieurs mois, ré-
» pandus sur toute la surface du pays, nous avons
» pu observer ses besoins, ses motifs de mécon-
» tentement ou de satisfaction, etc. »

Il me semble que l'honorable M. Thiers avance une chose qu'il lui serait bien difficile de prouver. En effet, pour connaître l'opinion du pays, il faut savoir la pensée de la grande majorité des électeurs sur les questions politiques et économiques. Voilà ce qu'on peut appeler l'opinion générale. Or, pour la connaître, il faut se faire peuple, s'identifier avec lui, boire avec lui, et compatir à ses maux pour avoir sa confiance. Je doute que M. Thiers et ses honorables collègues fassent ainsi. M. Thiers voyage beaucoup et se repose parfois; mais c'est toujours en bonne compagnie; qui oserait, d'ailleurs, porter ses doléances à l'illustre auteur de l'*Histoire de la Révolution française*? Lui-même, malgré l'intérêt qu'il paraît porter aux classes laborieuses, n'a point recueilli leur opinion dans l'atelier, le magasin ou la chaumière; s'il l'eût fait, et qu'il en eût tenu compte, il aurait probablement changé une grande part de la deuxième partie de son discours. Il en est de même de tous nos députés en général. Nul n'étudie assez les vœux et les besoins des populations.

M. le comte Boudet, qui représente les intérêts de notre arrondissement, et qui possède une grande réputation de probité, se trouve dans le même cas que ses honorables collègues. La preuve la plus convaincante de la vérité de mon assertion, c'est que moi et des milliers d'autres électeurs ne l'ont jamais vu, et le plus grand nombre ne le connaissent pas. Or, les réunions qui ont un but politique étant défendues, les électeurs ne peuvent s'assembler pour aller collectivement lui porter leurs vœux et lui faire connaître leurs besoins. Veut-on que le peuple aille chez lui individuellement pour lui parler de ses intérêts? Est-ce possible, est-ce raisonnable? D'ailleurs, M. le comte Boudet habite à dix kilomètres du centre le plus populeux de sa circonscription, ce qui rend assez difficiles les rapports mutuels entre les électeurs et leur représentant. On ne voit donc aller chez lui que les personnes qui ont besoin de quelques services particuliers (et il faut lui rendre cette justice, M. le comte Boudet est très obligeant et plein de bonté pour les malheureux); mais à part ces quelques personnes à qui il rend des services particuliers, il ne reçoit chez lui qu'une cinquantaine de gros bonnets, tous grands propriétaires, et par cela même ayant toujours des intérêts diamétralement opposés à ceux des électeurs populaires. C'est pourtant au milieu de cette société d'élite que le député puise ses renseignements et qu'il forme son opinion sur la marche qu'on doit donner aux affaires du pays. Le gouvernement ne peut pas laisser subsister l temps un tel état de choses, parce qu'avec le principe du suffrage universel, il blesse la justice et froisse la raison publique, et qu'il fausse toutes les positions en empêchant le député d'être le véritable organe de l'immense majorité de ses commettants, ce qui peut amener un malaise, sinon un mécontentement général.

Voici un autre exemple à l'appui de ma cause : tout le monde sait que Son Exc. M. le marquis de La Valette ne vient à Bergerac, son pays d'adoption, que pour faire le bien et se reposer. Nous eûmes donc l'insigne honneur de l'avoir l'année dernière pour présider à la fête de la consécration de la nouvelle église. Comme membre administrateur de la société d'horticulture, je pris l'initiative pour que mes collègues et moi lui présentassions un bouquet comme un témoignage de notre profonde reconnaissance. J'avais également fait un petit discours, afin que Son Exc. eût la bonté de le montrer à l'Empereur. Eh bien! nous n'avons pas pu lui présenter nous-mêmes le bouquet qui nous avait coûté tant de soins, ni lui donner connaissance du discours que nos cœurs avaient exhalé comme le parfum de nos roses, et cela malgré les démarches que je fis faire auprès des autorités pour arriver à ce but. Et vous voulez, après cela, que les grands dignitaires, ceux qui devraient tout savoir, connaissent l'opinion publique quand on nous empêche d'arriver jusqu'à eux? C'est trop fort! Il faudra donc que les ouvriers écrivent des brochures pour faire arriver la vérité jusqu'au pied du trône de Napoléon III!

Je termine ce chapitre en remerciant de tout notre cœur M. le marquis de la générosité qu'il a montrée pour la société d'horticulture; mais je dirai bien respectueusement à Son Exc. que le peuple est très désintéressé, et qu'il préfèrera toujours un petit compliment d'un grand homme qu'une bourse pleine d'or. Voilà pourquoi il avait un si grand désir d'avoir l'honneur de parler à celui qui est devenu son bienfaiteur et son soutien.

Je crois devoir mettre sous les yeux de mes lecteurs le discours dont j'ai déjà parlé; ils jugeront s'il pouvait se prononcer sans blesser les convenances:

« Excellence,

» Les horticulteurs de Bergerac, dont j'ai l'honneur d'être l'organe, sont fiers de vous voir arriver au milieu de nous, et d'épancher leur cœur avec toute la chaleur de l'amitié et de la reconnaissance.

» Ils se rappellent avec bonheur que dans toutes les phases de votre brillante carrière politique, vous n'avez jamais cessé de combler de vos bienfaits la ville qui a eu l'insigne honneur d'être le piédestal de votre gloire. Fiers de ce souvenir, et reconnaissants de vos largesses, quelques-uns de ses enfants viennent aujourd'hui présenter à Votre Excellence un bouquet, bien faible hommage de notre gratitude, si elle n'était écrite dans nos cœurs, de même que nous garderons toujours le souvenir de la plus juste comme de la plus généreuse initiative. En recommandant aux grands fonctionnaires publics de prendre en considération les intérêts des petits, Votre Excellence ne froisse point les grands intérêts, mais elle donne par là satisfaction à la plus nombreuse comme à la plus intéressante partie de la société. Voilà la démocratie véritable, justice partout et pour tous, celle qui ralliera tous les Français dans le même désir de voir la France libre, glorieuse et florissante sous la forte et populaire dynastie de Napoléon III.

» Excellence, nous vous prions de dire à votre auguste souverain, notre illustre et puissant Empereur, que le peuple comprend très bien que Sa Majesté recherche avant tout la grandeur du pays et le bien de la France. Dites-lui bien aussi que le peuple lui en sera reconnaissant, se réservant toujours l'honneur de le servir avec abnégation et dévouement dans la paix comme dans la guerre.

» 6 Août 1865. »

XVI

Inconvénients des Candidatures officielles.

Nous devons à l'esprit de parti et à l'opposition systématique l'héritage des candidatures officielles; s'ils n'avaient pas si maladroitement arboré leur drapeau dans les élections, il est probable que le gouvernement aurait laissé aux électeurs le droit d'initiative sans prendre part à la lutte. Nous avons vu qu'il l'a fait souvent avec avantage; mais j'avoue que pour prendre une telle détermination, il faut être bien juste ou se croire bien fort.

Après la mort de M. de Belleyme, dont le savoir et les qualités étaient si justement appréciés, l'opinion publique désigna M. Monteil aîné, maire de notre ville, pour lui succéder à la députation. Il s'était élevé au milieu de nous; il nous connaissait tous, et tous nous avions confiance en lui. C'était l'homme du gouvernement, de la religion et du peuple, très capable et bien dévoué à la défense de nos intérêts. Aussi l'enthousiasme allait croissant, et cantons et communes envoyaient chaque jour au chef-lieu de la circonscription leur approbation tacite. Dans cet état de choses, la population attendait avec calme le jour où nous allions l'investir du noble mandat de député. Ce fut dans cet intervalle qu'arriva à la sous-préfecture de Bergerac un ordre de Son Exc. M. Boudet, ministre de l'intérieur, qui recommandait à nos suffrages la candidature de M. le comte Boudet. Cette nouvelle fut un coup terrible pour tous les électeurs, qui virent dès-lors leur espérance anéantie. Ils n'eurent plus qu'à se résigner ; le gouvernement leur demandait un vote de confiance, il fallait le lui donner, puisqu'il le méritait. Ainsi, tout se termina en accomplissant un grand devoir aux dépens d'un grand sacrifice.

Mais toujours est-il que M. Monteil eût été un député dévoué au gouvernement et à l'intérêt de ses commettants. Du reste, si je critique cette mesure, ce n'est pas à cause de l'élection de M. le comte Boudet, bien loin de là; mais parce qu'elle peut fausser l'esprit public et donner le branle à toutes les passions politiques, si faciles à enflammer quand il s'agit de l'élection de nos représentants. C'est pourtant un mal de se passionner pour le triomphe de tel ou tel candidat, n'importe, qu'il soit présenté par le gouvernement, ou qu'il soit mu par l'esprit d'opposition, attendu que dans les deux cas il n'est jamais la véritable expression des sentiments du pays; dans cette circonstance, il peut se faire que, quoique le gouvernement soit animé des meilleures intentions, à un moment donné, cette règle administrative peut faire nommer une majorité opposante qui produirait le même effet qu'il produit aujourd'hui en Prusse, ce qui serait un grand malheur pour la marche du progrès et pour le développement de nos libertés publiques. On pourra m'objecter que ce jour est loin de nous; tant mieux; mais il peut arriver, par la raison bien simple que ni le pouvoir ni le peuple ne sont exempts de passions, et quand la confiance vient à manquer de part et d'autre, on dépasse toujours le but qu'on s'était proposé d'atteindre. A quoi bon, d'ailleurs, laisser rassembler des orages qui retomberaient plus tard sur la tête de nos chers enfants? Il vaut beaucoup mieux, pour leur bonheur et pour le nôtre, que nous leur préparions un avenir tranquille et glorieux. Je vais indiquer un moyen bien simple de satisfaire le pays sans compromettre les intérêts du gouvernement, et notez bien qu'il n'y a que cette manière de procéder qui puisse donner les résultats qu'on doit attendre du suffrage universel.

Pendant les huit jours qui précèderont les élections générales, ouvrir dans chaque mairie une enquête présidée par le maire ou par un membre du conseil municipal, dans les cantons et les grands centres par MM. les juges de paix, à l'effet de recevoir les observations écrites ou verbales sur les besoins du pays et les vœux des populations, soit collectivement, soit individuellement; cette enquête ne devrait porter que sur les questions économiques, la modification des lois et les réformes à opérer. Les affaires extérieures devraient être laissées à la disposition de l'Empereur et de son gouvernement, afin que dans sa sagesse il pût leur donner la direction la plus convenable. Une telle raison n'a pas besoin de commentaire; il n'est donné à aucun de nous de savoir lire dans l'avenir; il serait donc bien difficile d'indiquer le remède avant de connaître le mal.

Si une telle mesure venait à prévaloir, on ne verrait plus de députés de l'opposition exciter le peuple par des discours magnifiques; leur véritable mission, la mission la plus louable serait de faire de bonnes lois du pays, et les vœux des électeurs exprimés par eux-mêmes. Alors le gouvernement pourrait marcher d'un pas ferme vers l'avenir en connaissant les vœux et les besoins de la nation présentés par elle-même.

Il est certain qu'on trouverait dans les cahiers de nos députés des choses extrêmement bonnes. C'est ainsi que se firent ces excellentes lois qui immortalisèrent la Constituante, et qui devaient plus tard exercer tant d'empire sur les attributions de la justice. Ce n'est pas tout : cette manière de procéder détruirait jusqu'au dernier vestige des anciens partis, et donnerait au souverain une force morale prodigieuse, parce qu'alors l'Empereur serait toujours derrière la nation, il pourrait répondre hardiment aux minorités ennemies des réformes : « Messieurs, la France a parlé, je suis avec la France et pour la France. »

Je suis heureux que mon sujet m'invite à mettre en relief la lettre que M. Monteil écrivait à ses administrés, après que M. le sous-préfet de Bergerac eut reçu les instructions de Son Exc. M. le ministre de l'intérieur; je la publie avec d'autant plus de plaisir, qu'elle est un modèle d'abnégation et de dévouement :

« MES CHERS CONCITOYENS,

» Je dois vous remercier de l'offre que vous avez bien voulu me faire de la candidature à la députation. J'ai été vivement touché, et je conserverai une éternelle reconnaissance de l'accord qui s'était établi dans cette circonstance entre la plupart d'entre vous; mais je donnerais un démenti à ma conduite, comme à ma pensée, si je consentais à servir d'aliment à la discorde et à la division, conséquences inévitables d'une candidature opposée à celle que le gouvernement de l'Empereur présente à vos suffrages.

» Je vous supplie donc de ne plus songer à moi et de cesser toutes démonstrations et toutes démarches me concernant. Je crois mieux protéger vos intérêts en appelant votre attention sur vos devoirs, sur la sagesse et le patriotisme que le pays est en droit d'attendre de vous. Suivez les conseils de votre amour du bien public, il vous apprendra ce que vous devez à la patrie et au Souverain; qu'il vous dirige seul dans l'acte si sérieux et si important que vous allez accomplir.

» Bergerac, le 4 juillet 1864.

» *Le Maire de Bergerac*,

» MONTEIL aîné. »

XVII

Le Progrès selon mon opinion personnelle.

Le progrès prend sa source dans l'esprit humain; l'esprit humain est fils de Dieu, comme la création est la visibilité de ses œuvres.

Le progrès comprend plusieurs branches ou ramifications. Je parlerai du progrès pour l'amélioration du sort de l'espèce humaine, du progrès de l'agriculture, de l'arboriculture et de l'horticulture. Quant au progrès sur les arts, sciences et lettres, je n'en dirai que quelques mots, reconnaissant bien humblement mon incompétence pour traiter de si graves sujets; d'ailleurs, il me faudrait écrire un volume pour bien développer et approfondir toutes les matières qu'ils renferment, et je n'ai qu'un chapitré à y consacrer.

Le progrès pour l'amélioration du sort de l'espèce humaine peut se réaliser par trois choses principales : la morale, l'instruction et le bien-être matériel. Ainsi, on moralise le peuple en l'encourageant à faire le bien, en écrivant pour lui de bons livres, et en lui donnant constamment toutes sortes de bons exemples; ces exemples doivent venir d'en haut; or, comme il est naturellement imitateur, sa conduite se modèlera toujours sur celle des grands.

Par l'instruction, elle doit être essentiellement religieuse, c'est-à-dire empreinte de sentiments généreux et charitables. Libérale dans son essence, il n'est pas un mot de l'Évangile qui sente le despotisme; chaque ligne respire l'amour de Dieu et du prochain : voilà toute la morale chrétienne.

Elle doit porter ensuite sur l'orthographe ; il est essentiel que tous les ouvriers sachent parler la langue de leur pays, cette langue si belle, quand elle est écrite par Racine ou Châteaubriand et tant d'autres beaux génies dont la France s'honore.

Sur la géographie, il importe que le fils du travailleur, qui doit naturellement voyager comme ouvrier ou comme soldat, sache où sont situées les villes qu'il doit visiter et qu'il connaisse le pays qu'il doit parcourir.

Sur l'histoire, il doit connaître avant tout l'histoire de France, si ancienne, si belle et si riche de souvenirs glorieux! Oh! qu'on est fier d'être Français quand on contemple ce grand espace de temps qui s'est écoulé entre Clovis et Napoléon III! ce digne et vaillant successeur de ces hommes illustres qui ont paru sur la terre et que Dieu nous a donnés pour faire le bonheur de notre belle patrie! Sur les simples mathématiques indispensables pour faire le commerce, comme pour exercer une industrie.

Enfin, en faisant régner le principe le plus juste, le plus équitable que la sagesse divine ait gravé dans le cœur de l'homme, l'amour de tous, ou le règne de l'intérêt général; quand nous le verrons prévaloir, et que son principe servira de base à nos lois et à nos institutions, et qu'il deviendra la règle de conduite des gouvernements et des individus, alors il y aura bien peu de personnes qui supporteront des injustices et des privations. Il y aura toujours des malheureux, parce que le malheur est le compagnon de l'homme; mais il y aura beaucoup de consolateurs pour adoucir les peines des affligés. Franchement, je crois que c'est faute de calcul que les hommes sont si égoïstes ; chacun croit pouvoir vivre éternellement, sans que nous songions que peut-être demain on creusera notre fosse, ou bien encore nous pensons que les choses utiles à notre subsistance ou pour nos agréments vont nous manquer; quelle erreur! Comme si la Providence ne donnait pas chaque jour la nourriture aux petits oiseaux! Voilà ce qui est cause qu'un grand nombre de personnes laissent perdre autour d'elles de quoi substanter, chauffer et vêtir plusieurs familles indigentes ; et remarquez bien que cette négligence ou ce calcul conduit tout droit à l'avarice, ce qui est un grand malheur pour elles, car une fois tombées dans ce vice, elles ne doivent plus espérer de bonheur ni sur la terre ni dans le ciel. Suivons les préceptes du divin Maître, ayons compassion des malheureux sans rechercher la cause de leur misère, songeons toujours que nous avons été favorisés par de grands dons, et que nous sommes plus instruits qu'eux. Mettons la main sur la conscience, et reconnaissons tout d'abord que si nous ne pouvons pas soulager toutes les misères, il vaut beaucoup mieux qu'il n'y ait qu'un malheureux que s'il y en avait dix et dix au lieu de cent, ainsi de suite. Faisons donc tous nos efforts pour en diminuer le nombre, nous serons plus heureux et nous aurons en même temps réalisé le progrès dans sa partie la plus essentielle pour l'amélioration du sort des malheureux, nos frères en Jésus-Christ.

L'agriculture peut progresser par le raffinement de l'engrais, par le perfectionnement des instruments aratoires, mais surtout par les expériences pratiques.

Les agriculteurs ne peuvent croire que le sol contient dans son sein un des principaux engrais; je veux parler du calcaire qui, répandu dans les prés, produit un effet surprenant, sans compter qu'il possède les mêmes qualités pour faire réussir toute espèce de plantations d'arbres. La chaux fait autant de bien dans les terrains humides que le meillèur fumier. En parlant des engrais, je vais faire connaître un moyen bien simple qui deviendrait un trésor pour toutes les fermes, si on le mettait à exécution. C'est un bassin plus ou moins spacieux, profond d'un mètre cinquante centimètres, construit en béton. Ce bassin doit être bâti sur un des côtés de la grange, afin qu'il ne puisse pas empêcher le bétail d'entrer et de sortir librement de l'étable. Un canal doit être ménagé entre le bassin et le lieu où couchent les bœufs et vaches, afin que l'urine que ces animaux font en grande quantité puisse s'écouler facilement dans ce réservoir à fumier, qu'on peut remplir impunément de toutes sortes de mauvaises herbes (pourvu toutefois que la graine ne soit pas mûre), ou bien d'autres litières de quel genre que ce soit; par ce moyen on pourra faire une quantité considérable d'engrais avec des choses qu'on laisse perdre presque toujours dans les champs. Je dois dire aussi que pour faire construire un tel réservoir il en coûte très peu, et que les agriculteurs ne doivent jamais perdre de vue que le fumier est le grand secret de l'agriculture; tout est là.

Quant au perfectionnement des instruments aratoires, je constate avec bonheur qu'ils ont grandement progressé, ce qui produit un énorme bienfait de nos jours, surtout au moment où les bras deviennent rares. Quant aux expériences pratiques, il est très difficile de les indiquer en théorie; c'est aux agriculteurs à expérimenter leurs terres, afin de s'assurer de ce qu'elles peuvent produire le plus avantageusement, selon le climat ou la nature du sol.

Il serait injuste de ne pas remercier ici le gouvernement de l'Empereur pour la grande impulsion qu'il n'a cessé de donner à cette branche de produits si solidairement attachée à la vie de l'homme, et pour les récompenses qu'il accorde chaque jour à tous ceux qui rendent quelques services dans l'amélioration de cet art.

Les comices agricoles font aussi beaucoup de bien à l'agriculture, tout en maintenant une erreur capitale dans le principe des récompenses. Ainsi, on prime celui qui a fait venir de beaux fourrages dans un terrain excellent, tandis qu'il faudrait récompenser celui qui fera venir de belles céréales dans une terre de mauvaise qualité. Voilà le vrai talent; c'est celui-là qui mérite le premier prix; le second doit être dévolu à celui qui aura le moins de mauvaises herbes dans ses terres; c'est un grand point pour arriver à avoir de belles récoltes et un moyen assuré pour réussir.

Les expositions horticoles, les congrès pomologiques ont produit dans l'art de l'arboriculture si merveilleux une véritable révolution. Un grand progrès s'est fait tant sous le rapport de la taille et des formes qu'on est parvenu à donner aux arbres de nos jardins, que sous celui de l'amélioration des fruits. J'ai vu à Bordeaux, dans l'établissement de M. Georges, professeur d'arboriculture, rue Saint-Genès, de véritables chefs-d'œuvre de forme et d'organisation. M. Gagnaire fils, à Bergerac, possède également de magnifiques sujets. Rien n'est surprenant comme les effets de la taille sur certains arbres. Le savant professeur cité plus haut vous dira, avant de la tailler, le nombre de fruits que doit porter telle ou telle branche, la grosseur qu'ils doivent acquérir d'après leur nombre, etc. Tout cela est prodigieux, et si vous lui dites qu'il doit compter avec les éléments, il vous répondra qu'il a des remèdes pour prévenir le mal, aussi bien que pour le guérir, et tout cela est très vrai.

Les congrès pomologiques, véritables réformateurs de toute espèce de mauvais fruits, rendent de très grands services en les classant et en leur donnant un nom uniforme. Il y avait jusqu'à présent une si grande confusion, qu'il n'était pas rare de voir le même fruit désigné sous quatre ou cinq noms différents; chaque localité lui donnait le sien; aussi arrivait-il souvent que les propriétaires, trompés par un nom nouveau, faisaient venir une espèce qu'ils avaient déjà dans leur verger, de sorte qu'après trois ou quatre années d'attente, l'amateur reconnaissait que le bon Citron des Carmes, qu'il avait fait porter de bien loin, n'était autre chose que la poire Saint-Pierre qu'il possédait depuis bien longtemps.

Aujourd'hui, avec le secours de la science et le goût que tous les propriétaires ont pris à ce genre de culture, nous sommes arrivés à faire un grand progrès, avec l'espérance de le porter à son plus haut degré de perfection.

L'horticulture a fait également de grands progrès, grâce à la sollicitude de l'Empereur, qui ne se lasse jamais d'encourager les choses utiles; mais on peut la perfectionner davantage, surtout en province; voici pourquoi : A Paris on ne plante point d'arbres dans les jardins potagers; toutes les plantes ont continuellement le soleil sur leurs têtes et reçoivent la rosée par tous les pores, l'air leur vient de partout; ainsi rassasiées de principes vitaux, elles prennent un grand développement. Voilà pourquoi vous y admirez de si beaux légumes. Nous avons, nous, la funeste habitude de remplir nos jardins d'arbres fruitiers et de vignes; aussi sommes-nous bien punis de vouloir beaucoup de choses à la fois, ce qui fait que jamais nous n'avons rien de beau.

Pour obtenir de bons résultats en horticulture, il faut avoir soin de bien choisir ses porte-graines et de les isoler complètement; chaque espèce doit être éloignée de l'autre, afin qu'il ne puisse y avoir aucune communication pendant leurs amours. Il est essentiel qu'on observe ceci, sans cela l'abâtardissement ne tarderait pas à arriver. Il faut aussi garder pour porte-graines les plantes les plus vaillantes, quelle qu'en soit la grosseur; le soin et le fumier les feront venir assez belles. Gardez-vous aussi de semer les melons auprès d'un carré de citrouille, vous n'auriez de bons ni les uns ni les autres. Si vous pouviez faire irriguer vos légumes au lieu de les arroser autrement, vous y trouveriez un grand avantage. Il est aussi très important que vous ne semiez pas vos graines trop jeunes; si vous le faites, vos plantes s'étioleront et beaucoup graineront sur place.

Quant au progrès sur les arts en général, je ne ferai que le constater; je ne suis pas compétent pour traiter cette matière; mais je suis heureux de pouvoir dire qu'à la dernière exposition qui a eu lieu à Paris, et qui était admirablement belle, les chefs-d'œuvre y étaient entassés; on a même pu remarquer que l'ancien dicton: *les Français inventent, les Anglais perfectionnent*, n'était plus de saison. Par une étude sérieuse des divers objets exposés par les deux nations, on pouvait se convaincre facilement que nous avions la supériorité sur nos voisins par le travail de nos artistes, qui était d'un fini merveilleux. On ne pouvait pas se lasser de regarder de si belles choses sans penser à Dieu, qui a donné à l'homme tant d'intelligence et tant de capacités diverses.

Il serait bien à désirer que je puisse en dire autant des sciences et des lettres; malheureusement, je n'aurai pas cette satisfaction. Les Malebranche, les Descartes, les Pascal et les Arago sont toujours en première ligne. De même les Bossuet, les Fénelon, les Racine, les Molière, les Lafontaine, les Voltaire, les Jean-Jacques Rousseau, les Lamennais, les Châteaubriand et tant d'autres noms illustres, tiennent toujours le sceptre. Ce n'est pourtant pas la faute du gouvernement, qui récompense largement les bons ouvrages, ni du talent, qui ne fera jamais défaut en France. Cela tient à ce que les écrivains d'aujourd'hui (à part un petit nombre) écrivent presque tous pour de l'argent et non pour leur renommée. Autrefois, les écrivains étaient plus consciencieux; ils se seraient bien gardés de livrer au public des œuvres imparfaites; l'auteur qui avait écrit dix volumes dans sa vie se trouvait satisfait. Aujourd'hui, ce n'est plus cela, c'est plutôt des fabricants d'ouvrages que des auteurs de bons livres; c'est à qui en fera le plus et à celui qui *gagnera* le plus d'argent. Quel malheur pour la patrie qu'une jeunesse si intelligente ait donné dans ce travers! La France est inondée de romans, et quels romans, bon Dieu! En général ils manquent de style, et sont presque tous écrits avec une légèreté condamnable. Ils font un mal affreux à la jeunesse, parce qu'ils changent les positions et intervertissent les rôles. Le jeune homme et la jeune fille, après avoir nourri leur intelligence de ces châteaux en Espagne, de ces trains de grands seigneurs, maudissent leur condition et commencent à fuir le travail honorable, source de toute richesse. Cela est-il surprenant après la lecture de tels livres? On n'y voit que duels entre comte et marquis, entre Ernest et Paul pour la possession du cœur de telle ou telle héroïne d'amour; des tableaux de grands rentiers en pleine liesse occupés toute la journée à rechercher des plaisirs nouveaux, des peintures trop hardies et trop hasardées sur les mœurs; la vie des grands personnages mise à découvert; le luxe chanté en vers, et le raffinement de la toilette exalté par mille écrivains. Voilà la littérature qu'on envoie en province par centaine de ballots pour être la nourriture intellectuelle de nos chers enfants!

De cette morale mise en pratique il en est sorti un luxe effrayant et ruineux pour beaucoup de familles, sans compter les embarras qu'elles éprouvent. Combien de jeunes filles ont perdu la sérénité de la conscience pour avoir voulu s'élever trop haut. Ah ! M. Dupin, que vous aviez raison de le flétrir ce vice épouvantable qui engloutit à la fois la fortune et l'honneur des familles! Pense-t-on par hasard que le luxe soit du progrès ? Le progrès est dans l'art et la richesse des tissus. Le luxe, c'est l'orgueil qui s'étale en public et qui veut dominer partout. Il n'est pas rare de voir en province un jeune homme, portant un habit neuf, tourner le dos à son camarade qui sera mal vêtu ; la grisette bien mise mépriser ses parents et faire les yeux doux aux calicots et aux petits bourgeois en manchette; tout cela est bien vilain.

J'aime le luxe de la propreté, du confortable ; j'aime la mise décente; mais j'aime surtout que chacun comprenne sa position, afin qu'il puisse l'améliorer. Mais ce que je n'aime pas, c'est de voir une femme mariée avec un ouvrier faire parade d'une toilette qui éclabousse les malheureux et indispose les grands contre les ouvriers, et qui fait penser bien souvent que le mari est un bon *bébé* ou qu'il gagne des sommes énormes.

Si je critique le luxe avec tant de véhémence, c'est parce qu'il conduit à la misère et qu'il nous prive de notre liberté ; car il ne faut pas croire que pour la posséder il suffise de chanter la *Marseillaise* dans un cabaret ou de critiquer le gouvernement à son aise. Considérons d'abord que s'il ne nous manque rien dans notre ménage, et que nous ayons nos avances d'argent pour parer aux maladies qui peuvent arriver, ainsi qu'aux malheurs qui peuvent nous atteindre, nous serons bien plus libres que si nous sommes obligés d'aller emprunter les choses qui nous manquent, le chapeau à la main, et continuellement obligés de dire à tout le monde : plaît-il, monsieur? plaît-il, madame? vous avez raison, monsieur, etc., paroles humiliantes qui devraient guérir bien des gens de la manie de vouloir briller un instant dans le monde, semblables à ces étoiles qui filent et qu'on n'a pas le temps d'apercevoir.

XVIII

Des Sociétés de Secours mutuels.

De toutes les institutions qui ont pris naissance de nos jours, la plus utile aux classes laborieuses, est sans contredit l'association mutuelle. C'est dans son sein qu'on puise sans rougir une grande partie de ce qui est indispensable pour donner les soins aux malheureux ouvriers que les maladies retiennent sur leurs grabats, comme aux pauvres invalides du travail qui n'ont plus les forces suffisantes pour continuer la besogne de chaque jour.

La société de Bergerac accorde gratis les visites du médecin, les remèdes de la pharmacie, et de plus un franc par jour, afin de pouvoir se procurer les choses indispensables pour le pauvre ménage affligé. Cette somme, quoique minime, empêche bien souvent la misère d'arriver au logis et de faire de grosses dettes, ce qui ne manquerait pas d'avoir lieu si les bras chômaient longtemps et que la maladie fût longue et dangereuse. La société a promis également de donner une petite retraite aux vieillards courbés sous le poids des ans et d'un travail honorable, ce qui les empêchera quelquefois d'avoir recours à la charité publique. Mais il faut, pour réaliser cette promesse, qu'elle puisse avoir des ressources suffisantes.

Je suis heureux de trouver l'occasion de pouvoir rendre hommage à la mémoire d'un homme de bien, M. Berbesson, d'heureuse mémoire, décédé ces jours derniers; rassasié d'honneur et de jours, il a, par son testament, laissé au pauvre hôpital de notre ville une somme de dix mille francs et deux mille francs à la société des ouvriers. La communauté des vieillards a eu aussi sa part. Je prie son honorable famille de recevoir par mon organe les remerciements de toute la population ouvrière. Je le dis avec orgueil, jamais le peuple ne sera ingrat pour ses bienfaiteurs; c'est pourquoi le nom de

M. Berbesson sera redit avec bonheur, et son bon souvenir ne s'effacera jamais de notre mémoire.

Fasse le ciel que cet exemple de grande charité chrétienne soit imité par tous les riches avant d'aller paraître devant Dieu !

Ce témoignage d'estime et de reconnaissance m'a fait dévier un peu de mon sujet, je vais le reprendre.

Du jour où l'on est admis dans ces fraternelles associations, on devient solidaire l'un pour l'autre; à partir de ce moment, le membre le plus heureux doit toujours venir en aide à celui que le malheur accable. C'est ainsi que les cœurs généreux acquièrent l'estime de tous les sociétaires et de leurs concitoyens.

Mais pour qu'une société soit fortement constituée, et qu'elle ait une organisation convenable, il faut d'abord qu'elle s'empresse d'obtenir du gouvernement qu'elle soit reconnue d'utilité publique et qu'elle fonde sa stabilité sur des statuts équitables et en rapport avec l'esprit de ses membres (ce qui n'existe pas dans celle de Bergerac). Les sociétés de secours mutuels sont connues en France depuis très longtemps; mais les gouvernements qui ont précédé celui de Napoléon III n'y faisaient aucune attention; cependant, ils auraient pu les dissoudre en vertu d'une loi qui fut faite et promulguée en 1789 contre les empiètements des ordres religieux dans la propriété. Or, les sociétés de secours mutuels se trouvaient comprises dans cette catégorie; cette fatalité n'échappa point à la grande perspicacité de l'Empereur, qui ordonna à son gouvernement de faire une exception en leur faveur, en les faisant déclarer d'utilité publique, ce qui leur assure tout d'abord sa puissante protection, et qui leur donne l'avantage immense d'avoir part aux libéralités que notre bien-aimé Souverain fait distribuer chaque année par son gouvernement à toutes ces grandes et utiles associations.

Ainsi placée dans le domaine de la légalité, chaque société peut acquérir des immeubles, recevoir des legs et placer son argent en rentes sur l'Etat, qui le lui garantit, et lui en paie les intérêts à 4 1/2 p. °/₀. Toute facilité lui est accordée pour le retirer au fur et à mesure de ses besoins.

Ce sont là assurément des avantages immenses

que nous devons encore à la sollicitude de notre bon Empereur ; payons-le donc bien sincèrement de retour par une estime bien respectueuse et par une reconnaissance sans bornes.

Croira-t-on dans quelque temps qu'il se soit trouvé parmi les membres de notre société un petit nombre de citoyens honorables qui firent tout ce qu'ils purent pour faire repousser les avantages d'un si grand bienfait, et notez bien qu'ils réussirent à faire ajourner la mesure. Vainement je joignis mes efforts à ceux de l'honorable M. Ambiès, qui était alors président, pour leur faire comprendre la raison ; ils avaient sans doute pris leur parti, ou l'intelligence leur manquait ; en ce cas, ils sont plus à plaindre qu'à blâmer. Malheureusement, les hommes qui avaient mis M. Ambiès en demeure de la faire voter transigèrent avec cette opposition factice et fort inopportune. Mais toujours est-il que l'honorable président montra dans cette circonstance une grandeur d'âme et une force de caractère que ne possède pas le commun des humains. Il répondit aux autorités qui l'engageaient à ajourner la proposition :

« Ajourner, messieurs, serait une mystification

» la mesure est excellente pour la société ; elle est » avantageuse et n'est despotique en aucun point, » comme on veut bien le dire ; si elle l'était, je se- » rais le premier à la rejeter. Or, vous m'avez or- » donné de la faire adopter dans cette réunion ; elle » le sera, puisque c'est le vœu de Sa Majesté l'Em- » pereur. Non, messieurs, je ne plierai pas devant » le caprice d'une douzaine de membres opposants. » La mesure sera proposée aujourd'hui, ou je donne » ma démission. »

Cette démission fut donnée, et malheureusement pour la société, elle fut acceptée par le gouvernement ; cet honorable citoyen, l'homme que je connaisse le plus dévoué au bien public, s'est retiré après avoir administré la société pendant quinze ans avec un zèle et un dévouement qu'on ne retrouvera jamais plus, et je le dis sans crainte d'être démenti par personne, il prit la société à sa naissance sans aucune ressource, et il a eu le bonheur de la laisser dans l'état le plus florissant, avec un magnifique immeuble et de l'argent placé en rentes sur l'Etat.

Je me plais ici à rendre à l'honorable M. Ambiès

la justice qui lui est si légitiment due, et lui faire part de la reconnaissance que nous lui garderons toujours bien précieusement.

J'étais attaché à cette société fraternelle par devoir et par amitié, mais des raisons de convenance m'ont fait donner ma démission de membre bienfaiteur. Il serait à désirer que ceux qui se privent de bien des choses pour faire le bien à leurs semblables, ne fussent pas payés quelquefois d'ingratitude.

XIX

Quelques causes de mécontentement.

Le grand Fénelon disait à ses dignes coopérateurs : « Rendez la religion aimable et vous la ferez pratiquer. »

Et moi je dis aux employés des diverses administrations : « Soyez d'une politesse exquise pour les grands et bons et affables pour les petits; suivez les ordres de ce grand ministre que l'Empereur nous a donné. »

Je dis aux magistrats et aux juges : « Faites bénir notre Souverain et son gouvernement en rendant la justice avec équité; faites que la loi ne soit point une toile d'araignée pour les grands et un filet pour les petits.

» Quand deux citoyens soutiennent un procès, il y

en a toujours un qui a tort. Faites en sorte de condamner celui-là ; vous êtes sûrs que tôt ou tard il reconnaîtra sa faute. Si par erreur vous condamnez l'autre, jamais il ne pardonnera à la justice humaine, et vous êtes sûrs qu'il portera sa plainte au tribunal de Dieu. »

Entre les causes qui font toujours tant de mécontents, je signalerai le grand nombre de procès-verbaux qui se font aujourd'hui pour la moindre infraction aux règlements de police, sur les contraventions à la loi de la pêche et sur celle de la chasse ; 286 ont été dressés dans le seul canton de Bergerac en l'année 1865 ; si vous multipliez par les treize cantons de notre arrondissement, vous trouverez le chiffre de 3,718, mettons 3,000, en raison que notre canton est plus peuplé que les autres ; 3,000 pour notre arrondissement, multiplié par cinq, font 15,000 pour notre département. Ces procès-verbaux sont faits en grande partie par MM. les commissaires de police, les gendarmes, les gardes-champêtres et les gardes-pêche, dont le zèle trop ardent en cette occurrence peut faire beaucoup d'ennemis au gouvernement, surtout quand on songe qu'il en est de même chaque année et par toute la France, et que ces procès-verbaux sont presque toujours dressés contre de pauvres diables, puisque je n'ai vu figurer aucun millionnaire sur la liste; c'est pourquoi beaucoup pèchent par ignorance et méritent par cela même beaucoup d'indulgence.

Si tout le monde connaissait les ressorts du rouage administratif, on laisserait à qui de droit la responsabilité de leurs actes; mais le peuple ne raisonne pas ainsi, il croit toujours que c'est le chef de l'État qui commande la rigueur contre ceux qui enfreignent les règlements. C'est bien peu connaître le cœur d'un monarque qui pendant toute sa vie a pris la défense des opprimés.

Ceux qui paraissent les plus injustes, en raison qu'ils froissent l'intérêt général, sont ceux qui se font contre les citoyens qui vont tirer quelques oiseaux ou qui prennent les moineaux à l'abreuvoir, et contre ceux qui, pour se distraire, vont essayer de pêcher quelques poissons. Commençons d'abord par prouver que les oiseaux à qui on fait la chasse sont nuisibles à l'agriculture, comme les loups le sont à nos bergeries. Il est vrai que des hommes, qui écrivent dans leur cabinet ce qu'ils n'ont jamais vu, viennent affirmer à un gouvernement de bonne foi qu'ils sont très utiles, parce qu'ils détruisent les insectes. Or, il est clairement prouvé qu'il n'y a que les oiseaux insectivores qui les mangent, au nombre desquels on compte la mésange, l'hirondelle, le rossignol et le coucou; voilà les oiseaux qui font la guerre aux insectes, et le chat-huant ou dame de nuit qui détruit les souris. Eh bien! tout le monde sait qu'on ne les tire point et qu'on ne les prend jamais au filet, excepté l'hirondelle qu'on peut prendre avec des pantes. Viennent ensuite les oiseaux granivores, ceux qui font un mal considérable dans nos champs et dans nos jardins. L'alouette, qui les ravage dans le temps des semences et qui détruit souvent des hectares entiers semés de petits pois. Les moineaux, qui mangent ou font perdre une grande quantité de blé au moment où il commence à mûrir. Le pinson et le chardonneret, qui enlèvent toutes les graines de chènevis, de choux, de chicorée, de laitue et de salsifis des pauvres jardiniers, et qui détruisent leurs semences. Les pies, qui absorbent une grande quantité de blé d'Espagne. Enfin, le merle, le geai, le bec-figue et tant d'autres qui dévorent nos fruits et ravagent nos vignes. Et pourtant, malgré la preuve du mal qu'ils nous font, nous n'avons pas le droit de les chasser de nos jardins et de nos vignes; un seul coup de fusil tiré sur eux sera suivi d'un procès-verbal et d'une condamnation. Est-ce raisonnable, est-ce juste? Voilà pourtant l'engeance qui a trouvé des défenseurs, comme s'il pouvait exister une loi pour protéger les destructeurs de nos vignes et de nos jardins. C'est absolument comme ceux qui prétendent qu'il ne faut pas détruire les taupes qui font un mal considérable aux prés et aux terres ensemencées, parce qu'elles mangent les vers qui n'en font pas du tout. C'est véritablement l'esprit de la fable du jardinier et son seigneur.

Que le gouvernement nomme une commission composée d'agriculteurs et d'horticulteurs, des hommes d'expérience pratique. Si cette assemblée intelligente ne corrobore pas les faits que je viens de mentionner concernant le mal que font les oiseaux, je me mets à sa disposition pour payer telle amende qu'elle jugera convenable de m'infliger.

Par ces motifs, basés sur l'intérêt du bien public, je viens prier le gouvernement de modifier la loi sur la chasse, et un peu plus de tolérance pour les pauvres pêcheurs de poissons. J'implore aujourd'hui la justice de l'Empereur pour le prier de vouloir bien accorder aux ouvriers la faculté de tirer les oiseaux le dimanche, dans le temps non prohibé, bien entendu; mais je demande en même temps que la loi soit très sévère contre ceux qui chasseraient les jours de travail, à moins qu'ils ne soient porteurs d'un permis. Cette mesure ferait beaucoup de bien à l'agriculture comme aux pauvres ouvriers qui ne sortent presque jamais de leurs ateliers. Elle contribuerait beaucoup à fortifier leur santé par un exercice salutaire; elle les éloignerait des cafés et autres lieux de folles dépenses, tandis qu'elle ne porterait aucun préjudice aux véritables chasseurs, par la raison qu'il serait bien difficile à ces nouveaux-venus, sans expérience et sans chien, d'abattre beaucoup de gibier.

Et maintenant ma tâche est terminée. J'avais promis devant Dieu que si un jour je devenais riche, je viendrais en aide aux ouvriers. Puisque la fortune n'est pas venue à moi, j'ai puisé dans mon cœur toutes les ressources que la Providence m'a données pour défendre leur cause. Si ma faible voix peut arriver jusqu'au pied du trône de notre bien-aimé Souverain, je suis certain que nos vœux seront accueillis favorablement ; ce sera à nous de nous rendre de plus en plus dignes de la haute protection de l'Empereur.

TABLE

DES MATIÈRES.

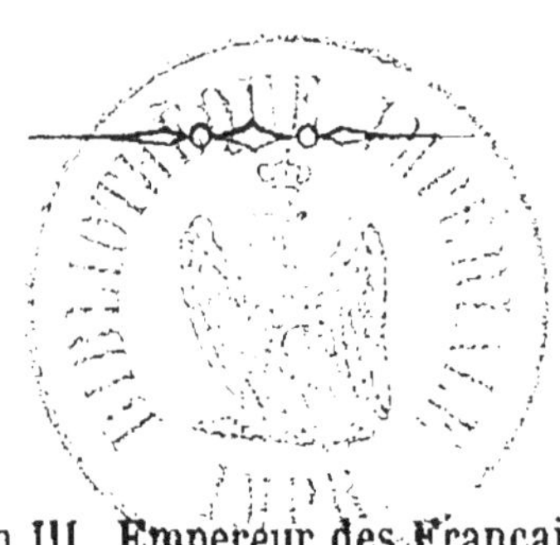

Périgueux, impr. Dupont et C. - Jt 66.

www.ingramcontent.com/pod-product-compliance
Ingram Content Group UK Ltd.
Pitfield, Milton Keynes, MK11 3LW, UK
UKHW020252250726
13967UKWH00004B/1634

9 782012 462458